Stalingrado

Una guía fascinante de la batalla de Stalingrado y su impacto en la Segunda Guerra Mundial

© Copyright 2020

Todos los derechos reservados. Ninguna parte de este libro puede ser reproducida de ninguna forma sin el permiso escrito del autor. Los revisores pueden citar breves pasajes en las reseñas.

Descargo de responsabilidad: Ninguna parte de esta publicación puede ser reproducida o transmitida de ninguna forma o por ningún medio, mecánico o electrónico, incluyendo fotocopias o grabaciones, o por ningún sistema de almacenamiento y recuperación de información, o transmitida por correo electrónico sin permiso escrito del editor.

Si bien se ha hecho todo lo posible por verificar la información proporcionada en esta publicación, ni el autor ni el editor asumen responsabilidad alguna por los errores, omisiones o interpretaciones contrarias al tema aquí tratado.

Este libro es solo para fines de entretenimiento. Las opiniones expresadas son únicamente las del autor y no deben tomarse como instrucciones u órdenes de expertos. El lector es responsable de sus propias acciones.

La adhesión a todas las leyes y regulaciones aplicables, incluyendo las leyes internacionales, federales, estatales y locales que rigen la concesión de licencias profesionales, las prácticas comerciales, la publicidad y todos los demás aspectos de la realización de negocios en los EE. UU., Canadá, Reino Unido o cualquier otra jurisdicción es responsabilidad exclusiva del comprador o del lector.

Ni el autor ni el editor asumen responsabilidad alguna en nombre del comprador o lector de estos materiales. Cualquier desaire percibido de cualquier individuo u organización es puramente involuntario.

Índice

INTRODUCCIÓN 1
LÍNEA DE TIEMPO 3
CAPÍTULO 1 - ANTES DE LA BATALLA 6
CAPÍTULO 2 - FALL BLAU ("OPERACIÓN AZUL") 14
CAPÍTULO 3 - COMIENZA LA MATANZA 24
CAPÍTULO 4 - SOLDADOS Y GENERALES 36
CAPÍTULO 5 - SCHLACHT AN DER WOLGA 48
CAPÍTULO 6 - LOS ALEMANES SON DERROTADOS EN SU PROPIO JUEGO 57
VEA MÁS LIBROS ESCRITOS POR CAPTIVATING HISTORY 68
CONCLUSIÓN 69

Introducción

La batalla de Stalingrado es conocida como el "punto de inflexión" de la Segunda Guerra Mundial. Antes de la batalla, que tuvo lugar desde agosto de 1942 hasta principios de febrero de 1943, los alemanes salieron victoriosos en todas partes, a pesar de algunos reveses localizados (por ejemplo, en Moscú en 1941). Después de Stalingrado, los alemanes fueron constantemente empujados hacia atrás, con algunos ejemplos notables como Kursk en el verano de 1943 y el Bulge en 1944.

Durante la Segunda Guerra Mundial, la Unión Soviética sufrió cerca de veinte millones de muertos. Para aquellos leyendo la guerra fue de alrededor de 415.000 y 483.000, respectivamente. En los aproximadamente seis meses de la batalla de Stalingrado, los alemanes, sus aliados húngaros, rumanos e italianos, y los soviéticos perdieron un estimado de un millón de hombres.

A medida que la batalla fue avanzando, los soldados alemanes le dieron a la batalla de Stalingrado un apodo: "Der Rattenkrieg", o "la guerra de las ratas". La lucha en Stalingrado tuvo lugar en las ruinas de una gran ciudad, así como abajo en las alcantarillas. Gran parte de la lucha fue un combate cuerpo a cuerpo, y en muchos casos, fue mano a mano. Los hombres morían por cientos de miles, como ratas sucias y salvajes.

Originalmente, Adolf Hitler quería que su 6º Ejército protegiera el flanco norte de sus ejércitos mientras se adentraban en los campos de petróleo y en las fértiles tierras de cultivo del Cáucaso, pero con el paso del tiempo, la batalla cobró vida propia. En la mente de Hitler, la ciudad que llevaba el nombre de Stalin se convirtió en un símbolo de la resistencia soviética y del propio líder soviético. Si los alemanes hubieran tomado la ciudad, quizás la Unión Soviética (URSS) finalmente hubiera caído, arrastrando a Stalin con ella.

Línea de tiempo

31 de julio de 1942: Hitler ordena a sus tropas que se muevan a Stalingrado.

Del 23 al 25 de agosto: Bombardeo inicial de la ciudad.

24 de agosto: Al norte de la ciudad, las tropas alemanas llegan al río Volga. Al inspeccionar la ciudad, el comandante de la 14ª División Panzer alemana dice que los alemanes no deben atacar la ciudad y establecer líneas defensivas más al oeste, ya que la ciudad es demasiado defendible. Él es ignorado.

25 de agosto: La lucha comienza en la ciudad misma.

13-25 de septiembre: La ciudad es dividida. Los alemanes están en el norte y el sur, y los soviéticos en el centro. Gradualmente serán empujados hacia atrás a un área de unos 200 metros del Volga, excepto por algunos focos de resistencia, como la Casa de Pavlov y las fábricas.

Entre septiembre y noviembre: Hay 700 ataques alemanes organizados a gran escala en la ciudad.

A finales de septiembre: El general Franz Halder, jefe del estado mayor del Alto Mando Alemán, expresa a Hitler sus dudas sobre la capacidad de los alemanes para ganar en Stalingrado. Expresa su preocupación por la fuerza soviética, las largas líneas de suministro, la disminución de las reservas de efectivos alemanes y la debilidad de sus aliados en las alas del frente de Stalingrado. Hitler lo destituye del mando, y es retirado por la fuerza.

7 de octubre: Los alemanes ocupan mucho, pero no todo, el complejo de la fábrica de tractores. El 62º Ejército Soviético bajo el mando de Vasily Chuikov se reduce a aproximadamente 700 hombres y son empujados hacia atrás a pocos metros del Volga. El noventa por ciento de la ciudad está en manos alemanas. A pesar de esto, los informes de la inteligencia soviética indican que la moral alemana es baja y su condición física pobre, mientras que la moral soviética parece estar creciendo, impulsada por la decidida defensa de la ciudad.

11 de noviembre: La última gran ofensiva alemana no logra tomar la ciudad.

13 de noviembre: Stalin aprueba la Operación Urano.

El 3 de noviembre, el soldado alemán Wilhelm Hoffman escribió en su diario: "En los últimos días, nuestro batallón ha tratado varias veces de atacar las posiciones rusas, sin éxito. En este sector, los rusos no dejarán que levante la cabeza. Ha habido varios casos de heridas autoinfligidas y falsas enfermedades entre los hombres".

El 10 de noviembre, mientras los rusos planeaban un gran ataque sorpresa, Hoffman escribió: "Una carta de Elsa de hoy. Todo el mundo nos espera en casa para la Navidad. En Alemania todos creen que ya tenemos Stalingrado. Qué equivocados están. Si pudieran ver lo que Stalingrado le ha hecho a nuestro ejército".

Ilustración 1: Un veterano alemán en plena campaña

Capítulo 1 - Antes de la batalla

Los ejércitos de Hitler invadieron la URSS el 22 de junio de 1941, iniciando la Operación Barbarroja. Tres millones de hombres, más de tres mil tanques y miles de aviones de combate cruzaron la frontera soviética en pocos días, y los alemanes hicieron retroceder al Ejército Rojo Soviético cientos de millas o más. El ataque fue una sorpresa total para Josef Stalin, el líder soviético, a pesar de las muchas advertencias que había recibido de sus oficiales militares, diplomáticos y espías.

Alemania y la Unión Soviética habían firmado un pacto de no agresión, conocido como el Pacto Molotov-Ribbentrop, en agosto de 1939. Este pacto dividía a Polonia entre ellos, daba luz verde a Stalin para anexar los estados bálticos sin la interferencia alemana, y permitía a Stalin hacer demandas a Finlandia sin tener que preocuparse por Hitler. Ambas partes también se beneficiaron del pacto de otras maneras. Alemania compraría enormes cantidades de materias primas y alimentos soviéticos; a cambio, los alemanes no tendrían que preocuparse por un conflicto soviético cuando se volviera a atacar a Europa Occidental. Los soviéticos, por otro lado, obtendrían divisas, maquinaria alemana, piezas para fábricas y otros bienes altamente refinados.

Stalin creía que Hitler acabaría atacando a la Unión Soviética, pero creía que el pacto lo paralizaría y tal vez lo impediría por completo con nuevas negociaciones. Los términos del pacto eran, en teoría, de diez años de duración, lo que, en opinión de Stalin, le daría el tiempo necesario para finalizar los enormes esfuerzos de modernización de la URSS, que había comenzado a principios de la década de 1930.

Además, Stalin creía en lo que Hitler había escrito en su libro, *Mein Kampf* (Mi lucha). Hitler pensaba que la razón por la que Alemania fue derrotada en la Primera Guerra Mundial era el hecho de que había emprendido una guerra en dos frentes, uno contra Francia y Gran Bretaña en el oeste y otro contra Rusia en el este. Otras partes del libro de Hitler enfatizaban la necesidad de que Alemania se expandiera en lo que Hitler consideraba "los espacios vacíos de Rusia". Stalin habría hecho bien en poner su énfasis en eso y en la irracionalidad de Hitler cuando se trataba de Rusia y el comunismo, que en la idea de que Hitler no se involucraría en dos frentes a la vez.

A finales de junio de 1940, Hitler había invadido con éxito Polonia, Noruega, Dinamarca, Bélgica, Holanda y Francia. Gran Bretaña parecía estar casi derrotada; sus ejércitos en la Europa continental habían sido expulsados a través del Canal de la Mancha. Hermann Göring, el segundo al mando de Hitler y jefe de la *Luftwaffe* (la fuerza aérea alemana), aseguró a Hitler que los británicos pronto pedirían los términos de la rendición o serían derrotados en la invasión que las fuerzas armadas alemanas habían estado planeando.

En el invierno de 1939/40, Stalin ordenó al Ejército Rojo atacar Finlandia después de que el gobierno finlandés rechazara las demandas de Stalin de entregar una parte considerable de sus tierras fronterizas con la URSS. Aunque las fuerzas de Stalin finalmente prevalecieron, con Finlandia obligada a entregar las tierras a la Unión Soviética, el desempeño del Ejército Rojo en el conflicto fue en gran medida pobre. Hitler, junto con la mayor parte del mundo, vio este desempeño inferior y determinó que el Ejército Rojo no era rival para sus victoriosas fuerzas armadas (conocidas en alemán como la *Wehrmacht*).

El Alto Mando Alemán había recibido la orden de planear una invasión a la URSS poco después de la derrota de Francia en junio de 1940. Durante los meses siguientes, los alemanes perfeccionaron su plan, que Hitler quería llevar a cabo en mayo de 1941. Sin embargo, algunos de sus generales estaban pesimistas sobre la operación propuesta; creían que la URSS era demasiado grande y demasiado fuerte para ser derrotada, especialmente mientras Gran Bretaña todavía estaba en la lucha. Le recordaron a Hitler los peligros de luchar en una guerra de dos frentes, algo que él mismo había atribuido a la derrota de Alemania en la Primera Guerra Mundial.

Otros miembros del Estado Mayor Alemán habían sido cautelosos y reservados con la idea de invadir la Unión Soviética, pero se entusiasmaron más después de la rápida derrota de Francia y la aparentemente pobre actuación del Ejército Rojo en la guerra de Invierno contra Finlandia. Un pequeño número estaba entusiasmado con la idea de una invasión desde el principio, creyendo, como Hitler, que la URSS se doblaría tan fácilmente como Francia y el resto de Europa.

Esto es a menudo visto como uno de los diez mayores errores militares de toda la historia. Pero en las primeras semanas de la Operación Barbarroja (que comenzó a finales de junio de 1941), parecía que Hitler podría tener razón. Enormes cantidades de prisioneros soviéticos fueron sacados de las batallas en las llanuras y colinas del oeste de Rusia. Además de los cientos de miles de prisioneros soviéticos tomados, cientos de miles más fueron asesinados. La *Wehrmacht* condujo cientos de millas hacia el este de Polonia, que había estado bajo el control de Stalin desde el Pacto Molotov-Ribbentrop de 1939, y la Unión Soviética.

Aunque las tácticas alemanas de *blitzkrieg* ("guerra relámpago") desconcertaron completamente a los soviéticos defensores, el Ejército

Rojo no ayudó a su propia causa, ya que jugó directamente en manos alemanas. La guerra relámpago dependía de ataques altamente coordinados entre las fuerzas aéreas, terrestres (tanto blindadas como de infantería) y de artillería, tratando lo mejor que podían de aportar una fuerza abrumadora a los puntos débiles de las líneas soviéticas. Una vez que hacían un agujero en las líneas, la infantería acorazada y mecanizada se abría paso, moviéndose rápidamente a la retaguardia del enemigo para rodearlo, con el grueso de la infantería regular atacando las primeras líneas al mismo tiempo para mantener al enemigo en su sitio.

En lugar de coordinar sus ataques adecuadamente, los soviéticos atacaban y contraatacaban en todas partes, independientemente de que fuera estratégica o tácticamente correcto. La razón de esto tenía que ver con la naturaleza del régimen estalinista y la reacción de Stalin a la invasión de Hitler. A finales de la década de 1930, Josef Stalin había llevado a cabo una purga del Ejército Rojo, viendo enemigos por todas partes. Había hecho lo mismo poco antes con el Partido Comunista de la Unión Soviética y gran parte de la sociedad soviética. Su paranoia y deseo de control total resultó en el sistema más totalitario de la historia.

Una vez que Stalin estableció su incuestionable control del país, era libre de atacar al Ejército Rojo, la única institución que podría representar una amenaza para él. No existe ninguna evidencia real de que alguien del Ejército Rojo estuviera conspirando contra él, pero para Stalin, una mirada de desaprobación o una asociación no deseada era suficiente para meterse en problemas.

En 1937, la policía secreta de Stalin comenzó a purgar las filas de oficiales del ejército, diezmando los rangos más altos y arrestando a miles de oficiales de menor rango. Miles de hombres fueron asesinados en el acto. Muchos más fueron enviados a Siberia, donde la mayoría de ellos perecieron en el sistema de campos de trabajo conocido como el Gulag. Los que estaban en la lista de la policía secreta y no fueron arrestados, fueron forzados a jubilarse. Stalin se quedó con un ejército que no se atrevió a desafiar o cuestionar ninguno de los edictos, órdenes o "sugerencias" de Stalin. Esta fue una de las razones de la mala actuación del Ejército Rojo contra Finlandia en 1939/40.

El desastre en Finlandia le había mostrado a Stalin que el uso de ataques masivos de infantería por parte de los soviéticos era un método pobre para usar en la guerra moderna, y las reformas se estaban instituyendo lentamente. Sin embargo, para el 22 de junio de 1941, fecha de inicio de la Operación Barbarroja, estos no se habían filtrado a la mayoría del ejército.

Aparte de los problemas institucionales, la reacción de Stalin al ataque de Hitler fue una combinación de incredulidad, pánico y depresión. Inicialmente, el "Gran Líder" se negó a creer que las fuerzas de Hitler estaban realmente atacando. Luego, cuando se enfrentó a las pruebas, Stalin ordenó a prácticamente todas las unidades que se enfrentaban a los alemanes a atacar, independientemente de su situación. Esto significaba que las unidades desorganizadas, en retirada o rodeadas atacaban arbitrariamente sin ninguna preparación. Para ellos era mejor arriesgarse en el campo de batalla que la bala segura en la espalda, ya que la policía secreta de Stalin estaba aparentemente en todas partes (incluso con comandantes en el frente).

Después de dar vagas órdenes de "atacar", Stalin se fue a su retiro de vacaciones, o *dacha*, en el bosque, que estaba a millas de Moscú. Cuando un grupo de oficiales, incluyendo a su confiable Ministro de Relaciones Exteriores, Viacheslav Molotov, apareció en su casa, Stalin pareció "extraño y abatido", no como su habitual yo. Stalin pensó que habían ido a arrestarlo, porque cuando Molotov le dijo a Stalin que pensaban que un comité central encargado del esfuerzo de guerra debía formarse inmediatamente, Stalin preguntó: «¿Quién va a dirigir este comité?». Cuando Molotov respondió: «Usted», Stalin supo que estaba a salvo y comenzó a superar su depresión. Aun así, a pesar del "despertar" de Stalin, los soviéticos continuaron siendo empujados hacia atrás.

Sin embargo, a principios del otoño, la defensa del Ejército Rojo había empezado a endurecerse. Aunque fueron derrotados en enormes batallas alrededor de Smolensk y Vyazma, entre otros lugares, los alemanes descubrieron que cuanto más se acercaban a la capital soviética, Moscú, y a la "segunda ciudad" soviética, Leningrado, más dura era la resistencia soviética.

Los nazis también tuvieron algunas sacudidas bruscas en las primeras semanas de la invasión. Aunque el Ejército Rojo estaba perdiendo hombres en tropel (con hombres muertos en acción o hechos prisioneros), siempre parecía haber más de ellos. Además, los alemanes descubrieron que sus tanques eran inferiores a los más recientes tanques soviéticos, los famosos T-34 y KV-1. Sin embargo, estos tanques estaban entrando en producción cuando comenzó la guerra, por lo que su número era bajo. Los soviéticos tampoco sabían cómo usarlos correctamente, lanzándolos a la acción de forma desordenada y en ataques mal coordinados.

Por último, la geografía de la URSS comenzó a pasar lentamente factura a los alemanes. El país consiste en cientos y cientos de millas de llanuras, sin ningún árbol como punto de referencia. Era una tierra completamente extraña para las fuerzas invasoras. Y aunque comúnmente se piensa que el ejército alemán era una fuerza altamente mecanizada, este no era el caso. La mayoría de los soldados de infantería marchaban, y la mayoría de sus suministros venían en carros tirados por caballos. Esto fue perjudicial para el esfuerzo bélico alemán en la URSS, ya que el país tenía carreteras en mal estado y sistemas ferroviarios primitivos (y de diferente tamaño).

Aunque el invierno ruso es muy conocido por su dureza, los veranos en las llanuras también pueden ser devastadores. No había sombra, apenas agua (especialmente porque los soviéticos en retirada habían envenenado muchos pozos), polvo y marchas interminables ante el terror del combate. Después de un tiempo, la moral alemana comenzó a decaer. Esto sucedió lentamente al principio, ya que tuvieron algunas tremendas victorias para ayudar a animarlos, pero a medida que pasaban las semanas, el descontento crecía. Su única victoria final siempre parecía estar fuera de alcance, a pesar de las predicciones del Partido Nazi y del Führer de que la guerra terminaría pronto.

A principios de septiembre de 1941, los alemanes estaban a las puertas de Leningrado, pero no pudieron entrar en la ciudad. El Ejército Rojo, así como los civiles de Leningrado, habían preparado un cinturón de defensas demasiado fuerte para que los alemanes lo rompieran fácilmente. En cambio, los nazis rodearon la ciudad y comenzaron un asedio de casi 900 días, que se cobró más de un millón de vidas, la mayoría de ellas civiles.

En el sur del país, los alemanes, junto con sus aliados húngaros, italianos y rumanos, se adentraron profundamente en Ucrania, asediando Odessa (hoy Odesa) y avanzando hacia las costas del mar Negro y la península de Crimea.

En medio de la ofensiva alemana, su Centro de Grupos del Ejército, liderado por el Mariscal de Campo Fedor von Bock, se encontró a las puertas de Moscú a principios de diciembre. Algunas unidades informaron haber visto las cúpulas de la catedral de San Basilio en el Kremlin brillando al sol a lo lejos. Eso fue lo más cerca que pudieron llegar.

Incluso con el aparentemente interminable suministro de hombres a los que se enfrentaban los alemanes, los soviéticos tenían más hombres luchando en el Lejano Oriente soviético. Estaban allí para protegerse de un posible ataque japonés, ya que los soviéticos sospechaban que los japoneses se apoderarían de los recursos de Siberia, pero los espías y diplomáticos soviéticos informaron a Stalin que los japoneses tenían otros planes. Stalin, en una necesidad desesperada y ahora más creyente de sus servicios de inteligencia, ordenó el traslado de cientos de miles de hombres para atacar a los alemanes en Moscú, lo cual hicieron el 5 de diciembre de 1941, haciendo retroceder a los alemanes más de cien millas antes de ser detenidos.

A finales de enero de 1942, las líneas del frente en Rusia se habían estabilizado, y Hitler comenzó a planear una ofensiva de primavera/verano tan pronto como el clima lo permitiera.

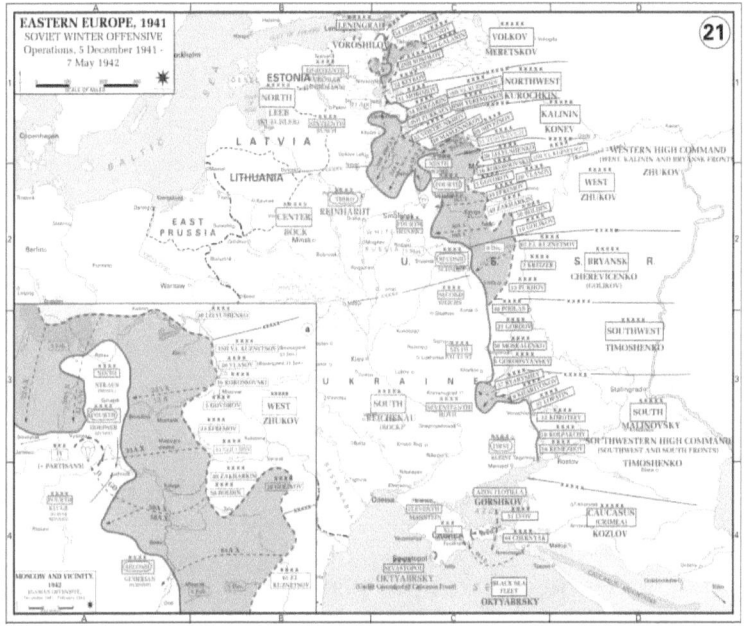

Ilustración 2: El frente general después de la ofensiva soviética en Moscú hasta la primavera de 1942

Capítulo 2 - Fall Blau ("Operación Azul")

Fall Blau era el nombre operativo del ataque planeado por Hitler al sur de Rusia, que incluía la península del Cáucaso, hogar de algunos de los campos petroleros más productivos del mundo en ese momento.

Los alemanes necesitaban el petróleo más que cualquier otro recurso natural. Sin él, no había una forma realista de ganar la guerra. Alemania no producía casi nada, y los campos rumanos en Ploesti y sus alrededores no eran suficientes para mantener en marcha la máquina de guerra alemana. Tanques, aviones, submarinos y otros vehículos de apoyo dependían del petróleo. Los alemanes habían almacenado grandes cantidades antes de la guerra, pero eso esencialmente se había desvanecido. Usaban más de lo que podían producir o importar, especialmente considerando el bloqueo que la Marina Real Británica tenía en las rutas comerciales oceánicas.

Hitler se enfrentó a un serio dilema a principios de la primavera de 1942. Ya no era lo suficientemente fuerte para atacar en todos los frentes como lo había sido en 1941, y los soviéticos (para su sorpresa) no fueron derrotados. Por lo tanto, para sacar a los soviéticos de la guerra, lo que permitiría a Hitler concentrarse en la derrota final del

Reino Unido y de los Estados Unidos (con los que había declarado la guerra el 11 de diciembre de 1941), él y el Estado Mayor alemán tuvieron que idear un plan.

Un número considerable de generales alemanes animaron a Hitler a no pasar a la ofensiva en absoluto. Argumentaron que era mejor para Alemania construir sus defensas en el lugar en que se encontraban o incluso retirarse a una posición más defendible. También argumentaron que no solo las reservas alemanas de petróleo se estaban agotando rápidamente, sino que el número de hombres en edad de combate iba a empezar a disminuir muy pronto. Además, la *Luftwaffe*, que todavía controlaba los cielos sobre el campo de batalla, apenas compensaba sus pérdidas y perdía pilotos expertos casi a diario.

Algunos también argumentaron que el empuje alemán en el norte de África, que tenía el objetivo declarado de apoderarse del canal de Suez (añadiendo así miles de millas infestadas de submarinos a los barcos británicos que venían de Oriente Medio y la India con suministros) y potencialmente ganar el control de los campos de petróleo de Arabia, podría reforzarse con hombres de Rusia si el Führer decidía establecer líneas de defensa en el Frente Oriental.

Como es sabido, Hitler aceptó nada de esto. Estaba convencido de que los alemanes estaban a un solo empujón antes de que los soviéticos colapsaran o rogaran por la paz. Una vez hecho esto, Hitler establecería su imperio oriental a lo largo de los montes Urales y el río Volga. Más allá de esa extensión de territorio, al menos en su mente, no había nada más que espacio vacío, donde los rusos sobrevivientes irían a congelarse y morir de hambre.

La fuerza responsable de llevar a cabo la Operación Azul fue el Grupo del Ejército Sur. Este grupo del ejército fue originalmente comandado por el mariscal de campo Fedor von Bock, pero fue reemplazado por el mariscal de campo Maximilian von Weichs en julio, ya que Hitler creía que Bock no había llevado a cabo sus planes con la suficiente rapidez. Para cumplir el plan de Hitler, el Grupo del

Ejército Sur se dividió en dos grupos: Grupo de Ejército A y Grupo de Ejército B.

El Grupo A, comandado por el Mariscal de Campo Wilhelm List, tenía la tarea de tomar el Cáucaso y sus campos petroleros, la mayoría de los cuales estaban en la ciudad de Bakú, muy al sureste. Consistía en el 1er Ejército Panzer alemán, el 11º Ejército, el 17º Ejército y el 3º Ejército rumano.

Al Grupo B del Ejército se le encomendó originalmente la tarea de proteger el flanco del Grupo A del Ejército y cortar el comercio y el acceso a los recursos del río Volga en Stalingrado. Este grupo de ejército estaba compuesto por el 4º Ejército Panzer alemán, el 2º Ejército y el 6º Ejército, que era el mayor ejército de Hitler. El 8º Ejército italiano, el 4º rumano y el 2º húngaro también fueron adjuntados. El Grupo de Ejército B estaba comandado por Weichs después de que el Grupo de Ejército Sur se dividiera.

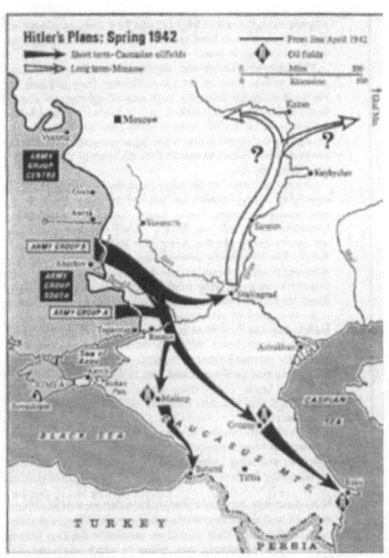

Ilustración 3: El plan básico de la Operación Azul, primavera de 1942

Con el paso del tiempo, el objetivo principal del empuje alemán cambió de los campos de petróleo a Stalingrado. Para cuando la batalla comenzó en la ciudad, Stalingrado parecía ser como un gigantesco y malévolo agujero negro, atrayendo a los hombres a la muerte.

Aunque se suponía que el Cáucaso era el objetivo principal, el más fuerte y numeroso 6º Ejército se acercó a Stalingrado desde el principio. El 6º Ejército nunca había visto la derrota. Los hombres del 6º Ejército habían allanado el camino en Occidente, jugando un papel central en la derrota de Bélgica y Francia y expulsando a la Fuerza Expedicionaria Británica del continente. En las etapas iniciales de la Operación Barbarroja, habían hecho retroceder al Ejército Rojo e infligido derrotas decisivas en la batalla de Uman (mediados de julio a principios de agosto de 1941) y tomaron Kiev (de finales de agosto a finales de septiembre), una de las ciudades más importantes e históricas de la Unión Soviética. El 6º Ejército había hecho lo mismo con la importante ciudad ucraniana de Járkov durante una rápida y feroz batalla a finales de octubre. La fuerza alemana repelió un fuerte contraataque soviético allí en mayo de 1942, justo antes de que comenzara su camino hacia el Volga.

Así que, mientras el 6º Ejército se movía sobre Stalingrado, la moral estaba alta, a pesar de su relativamente desconocido y taciturno comandante, el general Friedrich Paulus. Paulus se convirtió en el comandante del 6º Ejército en enero de 1942, tomando el relevo del más experimentado y popular comandante Mariscal de Campo Walther von Reichenau. Reichenau había ascendido a comandante del Grupo del Ejército Sur en noviembre, y durante dos meses, el 6º Ejército no tuvo comandante. Cuando Paulus fue nombrado su jefe, muchos en el 6º Ejército, y el Ejército Alemán en general, se sorprendieron, ya que Paulus nunca había comandado una unidad más grande que un batallón en combate. Dos meses después de que Paulus tomara el mando del 6º Ejército, Reichenau murió por causas naturales, lo que afectó enormemente a los hombres y dejó a Paulus sin alguien familiarizado con la posición para consultar.

Como nota al margen, muchas historias de la Segunda Guerra Mundial, especialmente de antes de los 90, escriben el nombre de

Paulus como "von Paulus". "Von" significa nobleza, lo que Paulus no era. También fue dado a veces a los hombres por los líderes de Alemania como señal de respeto y reconocimiento. Hitler nunca otorgó este honor a Paulus. Los historiadores a veces asumen que porque fue nombrado mariscal de campo, también obtuvo el título de "Von", pero no fue así.

Paulus fue un planificador muy respetado y mostró un sólido instinto estratégico. Como prácticamente todos los oficiales generales alemanes, Paulus había pasado un tiempo considerable en el Estado Mayor alemán, que era responsable de la mayor parte de la planificación de las campañas del Ejército Alemán (por supuesto, Hitler jugó un papel cada vez más importante a medida que la guerra avanzaba). Paulus había sido subjefe del Estado Mayor General después de liderar tropas en campañas en Polonia y en el Oeste. En ese puesto, jugó un gran papel en la planificación de la Operación Barbarroja. Paulus no era ajeno a la guerra en el Este, pero en un ejército que cada vez era más conocido en todo el mundo por sus pensadores apresurados y poco ortodoxos (como Rommel y Guderian, por nombrar solo dos), Paulus era considerado relativamente poco imaginativo y poco inspirador. Tampoco era muy apuesto. Era pequeño y de aspecto ligeramente demacrado; parecía más un jefe de camareros que un general que dirigía una de las fuerzas de combate más poderosas del mundo.

Aun así, Paulus era un planificador sólido, y se le consideraba un experto en logística, ya que entendía la cadena de suministro y cómo llevar hombres, equipos y provisiones a donde necesitaban estar, cuando necesitaban estar allí.

Así que, considerándolo todo, los hombres del 6º estaban muy animados cuando comenzó la Operación Azul. Aparte de su historial en combate, el 6º tenía un gran número de los equipos más modernos del ejército alemán, así como el apoyo de las poderosas fuerzas aéreas.

Al comienzo de la Operación Azul, las fuerzas del Eje (incluyendo el 6º Ejército, el 4º Ejército Panzer, y otras fuerzas alemanas y fuerzas aliadas varias) tenían 1,5 millones de hombres, casi 2.000 tanques y cañones de asalto, y un estimado de 1.600 a 2.100 aviones. Para poner esto en perspectiva (al menos en términos de números), en 2020, se espera que todo el Ejército de los EE. UU. incluya algo más de un millón de personal y algo más de 2.000 aviones de combate[1]. Como se puede ver, las fuerzas alemanas que se adentraron en el sur de la Unión Soviética eran formidables.

Sin embargo, tenían una serie de debilidades, la principal de las cuales era el suministro. No solo las líneas de suministro alemanas tenían ahora unos 1.000 kilómetros de longitud, sino que gran parte de ese suministro llegaba al 6º Ejército y llegaba a través de carros tirados por caballos. El transporte de suministros también se veía frenado por los ferrocarriles de la Unión Soviética, ya que eran de menor calibre (ancho) que el resto de Europa. Como resultado, la carga tenía que ser transferida. Los partisanos soviéticos también crecían en fuerza y organización, e interrumpían cada vez más el flujo de suministros a todas las fuerzas alemanas en la URSS.

Además de alimentos y municiones, esto significaba que los reemplazos tenían que viajar una distancia excepcional, así como las piezas de repuesto y el combustible. A medida que la campaña fue avanzando y el clima cambió, la logística de los suministros se convirtió en uno de los mayores problemas que enfrentaban los alemanes en Stalingrado.

Lo que empeoró aún más las cosas para los alemanes fue un completo lapsus de inteligencia con respecto a la fuerza soviética. Habían subestimado el poder de Stalin en 1941, pero debido a los factores mencionados anteriormente, pudieron derrotar al Ejército Rojo batalla tras batalla. En la batalla de Moscú, que comenzó en septiembre de 1941, los alemanes creyeron que los soviéticos estaban

---

[1] Globalfirepower.com

en las últimas, y entonces el Ejército Rojo atacó con una nueva fuerza de más de 250.000 hombres. Esto sucedió una y otra vez durante la guerra con la URSS.

En la primavera de 1942, la inteligencia alemana estimó que el total de aviones soviéticos era de poco más de 6.500. La realidad (y esto incluye algunos aviones obsoletos y de no combate) era que los soviéticos tenían más de 20.000. Los alemanes también creían que los soviéticos estaban más o menos a la par con ellos en cuanto a tanques, que eran unos 6.000. Una vez más, la realidad era muy diferente: eran casi 25.000 en todos los frentes. Por último, la artillería soviética era mucho más fuerte de lo que los alemanes creían, ya que pensaban que los rojos poseían casi 8.000 armas. Los soviéticos en realidad poseían más de 30.000. (Se fabricó artillería en cantidades increíbles en la URSS durante la guerra. En la batalla de Berlín en 1945, se estima que los soviéticos tenían un arma colocada cada diez yardas alrededor de la ciudad, lo que explica los lapsos de geografía y tácticas; este número no incluye los morteros y los famosos lanzacohetes "Katyusha").

En junio de 1942, Hitler se reunió con el mariscal finlandés Carl Gustaf Emil Mannerheim, su aliado, el día del septuagésimo quinto cumpleaños del finlandés, en un intento de persuadirle para que llevara las fuerzas finlandesas más adentro en la Unión Soviética, lo que Mannerheim se negó a hacer. Parte de su conversación fue grabada por un técnico de radiodifusión finlandés. En la conversación, Hitler admite que los alemanes subestimaron enormemente la fuerza soviética.

«Es evidente... evidente. Tienen el armamento más monstruoso que es humanamente concebible... así que... si alguien me hubiera dicho que un estado... si alguien me hubiera dicho que un estado puede alinearse con 35.000 tanques, le habría dicho "te has vuelto loco"».

Los totales mencionados anteriormente representaban la fuerza soviética a lo largo de todo el Frente Oriental en la primavera de

1942. Solo una parte de su poder se enfrentó a los Grupos A y B del Ejército Alemán durante la planeada ofensiva alemana de primavera.

Aunque la fuerza de la Unión Soviética era inmensa y crecía enormemente cada semana, el Ejército Rojo había sufrido pérdidas increíbles en el primer año de la guerra, y aunque los alemanes habían sido empujados o mantenidos en su lugar, seguían estando cerca de Moscú y en las afueras de Leningrado. Los generales soviéticos seguían dudando en tomar la iniciativa, aunque Stalin (que había empezado a darse cuenta de que no era el genio militar que creía ser) les estaba dando poco a poco más libertad de acción. Además, miles de pueblos y ciudades soviéticos habían sido destruidos y gran parte de sus zonas agrícolas más productivas estaban ocupadas. Y, por supuesto, estaban las terribles bajas civiles.

A medida que los alemanes avanzaban hacia el este, los soviéticos empezaron a trasladar la mayor parte de su capacidad productiva aún existente a la zona de los montes Urales, más allá del alcance de los bombarderos alemanes. En la primavera de 1942, muchas de estas fábricas estaban literalmente operando en campos abiertos con generadores. Pero cada día se hacían progresos, y en un tiempo relativamente corto las fábricas de los Urales producían cantidades irreales de armas, municiones y otras necesidades para la guerra. Los historiadores que se centran en la logística y la producción consideran que este esfuerzo soviético es uno de los más milagrosos de los tiempos modernos. Se logró, por supuesto, a un alto costo, tanto en dinero como en vidas.

Centrándonos en el frente sur, se estima que 1.700.000 soviéticos se enfrentaron a las fuerzas alemanas en la primavera y el verano de 1942, con posiblemente un millón en reserva en la retaguardia. Estos hombres estaban en varios estados de formación, organización, entrenamiento y equipamiento. Junto con los soldados había entre 3.000 y 3.800 tanques, más de 1.500 aviones de todo tipo y más de 16.000 cañones, morteros y lanzadores de cohetes.

El Ejército Rojo, en papel, era formidable, pero todavía estaban a la defensiva. Lo que empeoró las cosas fue otro error de la inteligencia soviética. Después de la batalla de Stalingrado, la inteligencia militar soviética mejoraría enormemente por varias razones, pero antes de la batalla, sufrió de falta de imaginación, indecisión para informar de las malas noticias a Stalin, y de recursos.

Los soviéticos estaban relativamente seguros de que los alemanes no serían capaces de montar la misma amplia ofensiva que la Operación Barbarroja; los nazis también habían sufrido grandes bajas, aunque no al nivel del Ejército Rojo. Por lo tanto, los generales de Stalin estaban seguros de que no tenían que temer una repetición de ese verano.

Sin embargo, el Estado Mayor Soviético (conocido por su acrónimo en ruso, "STAVKA") estaba en un dilema. Una de sus ciudades más importantes, Leningrado, estaba bajo asedio. La capital soviética, aunque no estaba bajo amenaza inmediata, era obviamente un objetivo potencial, y los alemanes estaban a solo 150 o 200 millas de Moscú. Perder cualquiera de esas ciudades podría ser catastrófico, por lo que los soviéticos reforzaron fuertemente ambas áreas.

En la guerra, como en el fútbol americano o incluso europeo, el equipo que posee el balón tiene una clara ventaja, al menos al principio, ya que saben a dónde van. Los defensores, en el fútbol y en la guerra, tienen que hacer sus mejores conjeturas y comprometerse. Si se comprometen incorrectamente, se puede causar un gran daño.

Y, en la primavera de 1942, los soviéticos adivinaron incorrectamente. Habían pasado gran parte del invierno tratando de averiguar dónde atacarían los alemanes cuando llegara el buen tiempo. Se reunieron y examinaron todo tipo de inteligencia, e intentaron ponerse en el lugar de los alemanes. La conclusión a la que llegó STAVKA fue que los alemanes harían un gran esfuerzo hacia Moscú. La capital había sido el objetivo del último esfuerzo alemán de 1941, y los hombres de STAVKA creían que volvería a serlo una vez que el clima mejorara.

Hitler había determinado relativamente temprano en 1942 que su principal esfuerzo sería en el sur, y así, sus generales y servicios de inteligencia hicieron todo lo posible para convencer a los rusos de que Moscú era el objetivo.

Quienes estén familiarizados con el esfuerzo angloamericano para engañar a los alemanes en la primavera de 1944 en cuanto a dónde podrían invadir Europa, sabrán que los Aliados crearon ejércitos falsos, documentos falsos (que "accidentalmente" dejaron que los alemanes poseyeran), comandantes falsos (más notablemente el general estadounidense George Patton, quien fue exhibido abiertamente haciendo discursos no muy sutiles acerca de cómo iba a derrotar a los alemanes cuando la invasión ocurriera), tráfico de radio falso en códigos que sabían que los alemanes habían descifrado, y mucho más.

El esfuerzo alemán en 1942 fue similar, si no tan grande y detallado. Se enviaron mensajes de radio al aire o en códigos que sabían que los soviéticos habían descifrado. A los sospechosos de ser espías soviéticos se les daba información falsa. Los documentos se dejaban "por descuido" en el campo de batalla, y se simulaban movimientos de tropas a lo largo del frente de Moscú, junto con grabaciones de tanques y camiones que se reproducían por altavoces.

Como resultado, los soviéticos movieron un número significativo de tropas a los alrededores de Moscú, donde los alemanes se habían atrincherado, reforzando sus posiciones defensivas. Una gran parte de la producción industrial soviética fue enviada a la zona de Moscú, y el foco del Estado Mayor Soviético fue la capital. Cuando el ataque alemán comenzó el 7 de mayo, Stalin y sus comandantes creyeron que era una finta para atraer al Ejército Rojo lejos de Moscú. No iban a "morder el anzuelo", aunque probablemente deberían haberlo hecho.

Capítulo 3 - Comienza la matanza

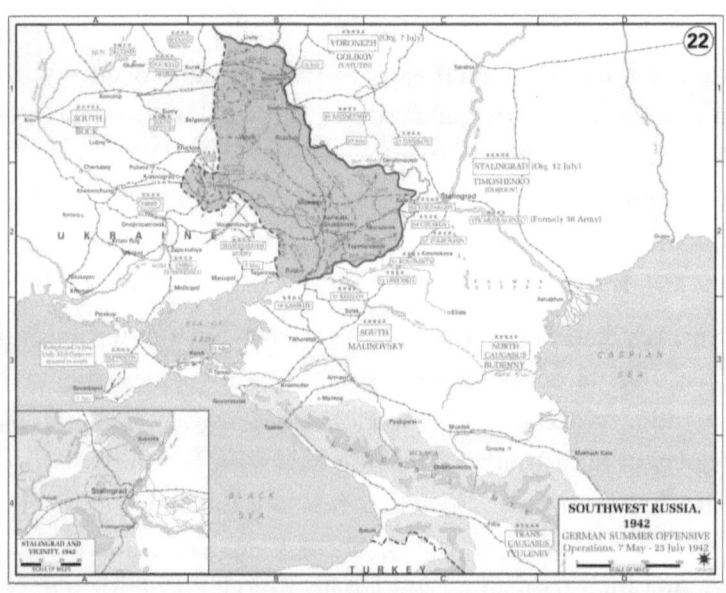

Ilustración 4: El punto de partida alemán es la línea de puntos azul. El área rosa es la que fue tomada a los soviéticos a finales de julio de 1942

Justo antes de que comenzara la Operación Azul, los soviéticos comenzaron su propio ataque, que fue diseñado para retrasar y desbaratar lo que creían que eran las intenciones de Alemania hacia Moscú. Muchos de sus generales, a los que ahora se les permitía expresar sus opiniones hasta cierto punto sin temor a ser arrestados, argumentaban que Stalin se equivocaba en su idea de que los alemanes podrían lanzar ataques importantes en dos frentes principales. Sin embargo, Stalin se adelantó y ordenó a sus fuerzas que lanzaran un ataque en la zona de las ciudades ucranias de Járkov (hoy más conocida por su ortografía ucrania "Kharkiv") e Izium. El ataque comenzó el 12 de mayo de 1942.

Este ataque fue lanzado directamente en el área donde los alemanes estaban acumulando fuerzas para la próxima Operación Azul. La ofensiva soviética tuvo lugar en un frente de unas 50 millas e incluyó más de 700.000 hombres y 1.000 tanques de varios tipos. Las fuerzas alemanas en el área eran unos 350.000 hombres con unos 500 tanques y casi 600 aviones. Las fuerzas aéreas soviéticas en la zona superaban en número a las alemanas, pero en este punto de la guerra, y casi hasta su final, los pilotos alemanes demostraron una habilidad y una eficacia considerablemente mayores que sus homólogos soviéticos.

El ataque tomó inicialmente a los alemanes por sorpresa, pero estos retrocedieron ordenados, y sus fuerzas en los extremos norte y sur del empuje soviético resistieron. Los alemanes también se retiraron en el centro, lo que creó un abultamiento masivo en las líneas, como se puede ver abajo.

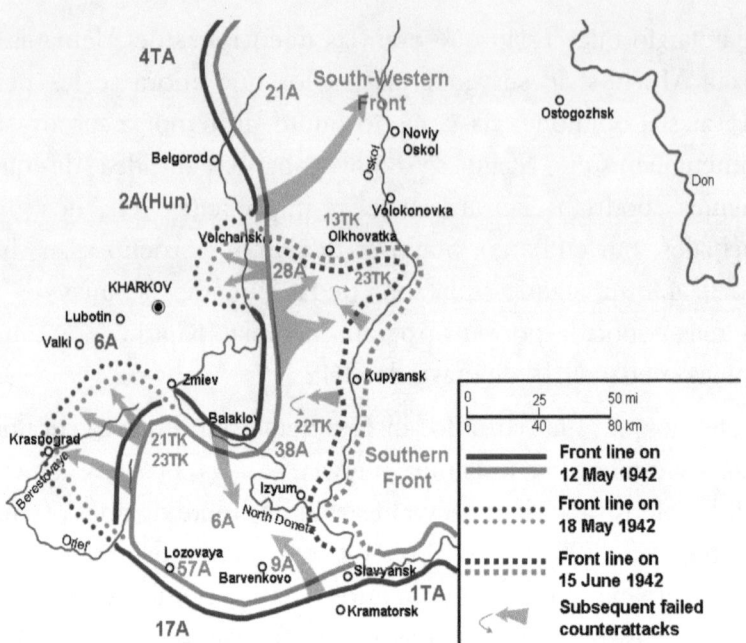

Ilustración 5: La segunda batalla de Kharkov/Bolsillo de Izium, mayo/junio de 1942

Este abultamiento permitió a los alemanes hacer lo que habían estado haciendo durante toda la guerra, tanto en el este como en el oeste: planificar, pensar y maniobrar mejor que su enemigo. El 17 y 18 de mayo, los alemanes comenzaron su contraataque, que se desarrolló como en los libros de texto, con una excelente coordinación entre la infantería, blindados, artillería y fuerzas aéreas.

Uno de los oficiales políticos soviéticos y observadores personales de Stalin en la zona era un hombre llamado Nikita Jruschov, que más tarde se convertiría en el primer ministro de la Unión Soviética a mediados de la década de 1950. A pesar de que los comandantes soviéticos locales pidieron permiso para retirarse para evitar ser rodeados por los nazis, Jruschov y el comandante general de la ofensiva del Ejército Rojo, el mariscal Semyon Timoshenko, le dijeron a Stalin que la situación podía ser contenida y que los alemanes podían ser derrotados. Estos hombres no podían estar más equivocados. Cuando comenzó la próxima batalla de Stalingrado, en la que Jruschov se convirtió en el oficial político de más alto rango de la ciudad, se aseguró de llevar a cabo todas las órdenes recibidas por Stalin a una "T", haciéndolo con un celo asesino, en parte para salvar su propio cuello.

Al final, la ofensiva soviética terminó en una catástrofe. Casi 300.000 hombres murieron, fueron heridos o capturados, y más de 1.000 tanques fueron destruidos, junto con igual número de aviones y enormes cantidades de armas. No solo las pérdidas fueron elevadas, sino que la ofensiva alemana destrozó la moral de las fuerzas soviéticas en la zona, quienes iniciaron una retirada desordenada y de pánico.

El comandante alemán en el hombro norte del abultamiento cerca de Járkov era el general Paulus, que había estado ocupado planeando la próxima ofensiva alemana. La respuesta alemana le dio a Paulus la oportunidad de liderar a sus hombres en la batalla y descubrir de qué era capaz su nuevo comando.

Comienza la Operación Azul

El 28 de junio de 1942, dos semanas después de que el ataque soviético fuera contenido y repelido, los alemanes comenzaron el *Fall Blau*.

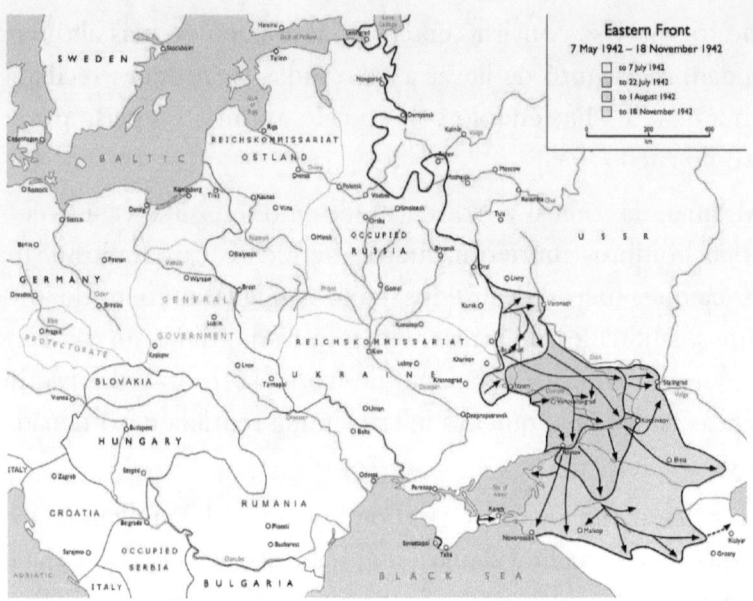

Ilustración 6: Ataques alemanes de julio a noviembre de 1942. Mapa cortesía del usuario: Gdr - basado en: Overy, Richard (2019) Segunda Guerra Mundial Mapa por Mapa, DK, pp. 148-150 ISBN: 9780241358719., CC BY-SA 3.0 wikipedia commons

Uno de los soldados de a pie que participó en la ofensiva alemana fue Wilhelm Hoffman del 267º Regimiento de Infantería de la 94ª División de Infantería, 6º Ejército. Hoffman es recordado por su diario personal, que fue descubierto después de la guerra. Es una de las pocas memorias sobrevivientes de las experiencias personales de un soldado alemán en la batalla de Stalingrado. Hoffman fue asesinado poco después de la Navidad de 1942 —sus efectos personales, incluyendo su diario, fueron enviados a casa.

Su diario comienza alegremente, reflejando la alta moral de los alemanes cuando comenzaron su campaña para derrotar a los soviéticos. En palabras de Hoffman, «tomar Stalingrado, y entonces la guerra habrá terminado para nosotros». El 29 de julio, Hoffman escribió: «el comandante de la compañía dice que las tropas rusas están completamente rotas y no pueden aguantar mucho más tiempo. Llegar al Volga y tomar Stalingrado no es tan difícil para nosotros. El

Führer sabe dónde está el punto débil de los rusos. La victoria no está lejos».

Y así le pareció a muchos en el 6º Ejército Alemán. Bueno, quizás no para algunos de los veteranos más canosos, que habían estado luchando desde la invasión del año anterior. A ellos también se les había dicho que era probable que solo fuera cuestión de meses, incluso semanas, antes de que los soviéticos cedieran. Estos veteranos sabían que dos de los objetivos alemanes más importantes, Leningrado y Moscú, seguían en manos soviéticas, y aunque los soviéticos perdieron millones, parecían seguir poniendo hombres frescos en el campo. Y aunque el Ejército Rojo había estado mayormente en retirada, su defensa se estaba volviendo más terca y más hábil cada día. En Sebastopol en Crimea, los soviéticos resistieron un asedio alemán durante meses, y aunque caería justo antes del comienzo de la Operación Azul, la defensa rusa allí había sido fanática. Hubo incluso un incidente en el que comisarios políticos y otros oficiales detonaron cargas en las cavernas subterráneas de municiones, donde ellos y cientos de civiles y soldados estaban escondidos. Estas detonaciones mataron a casi todos, pero los soviéticos preferían que esto sucediera antes que ser tomados como prisioneros. Todo esto dio a los veteranos alemanes una pausa, pero aun así, habían tenido a los soviéticos en fuga durante la mayor parte del último año.

El 2 de agosto, Hoffman escribió: «¡Qué grandes espacios ocupan los soviéticos, qué ricos campos se tendrán aquí después de que la guerra termine! ...creo que el Führer llevará el asunto a un final exitoso». El 10 de agosto, escribió: «Nos leyeron las órdenes del Führer. Él espera nuestra victoria. Todos estamos convencidos de que no pueden detenernos».

A medida que los alemanes avanzaban, a veces 40 o más millas en un día, la confianza de Hitler aumentaba. El 17 de julio, los alemanes salieron victoriosos en una gran batalla en el río Chir cerca de Kalach, a unas noventa millas de Stalingrado. Esta victoria reforzó la creencia de Hitler de que los soviéticos estaban casi acabados, y cometió lo que algunos creen que fue un error fatal (el primero de muchos en Stalingrado): desmontó su debilitado, pero aún considerable 11º Ejército y envió partes de él al norte para ayudar en el asedio de Leningrado. En retrospectiva, estas fuerzas podrían haber sido usadas más efectivamente y tal vez más decisivamente en Stalingrado.

A medida que los alemanes avanzaban, el Ejército Rojo cedió ante ellos, retirándose sobre el ancho río Don donde se curva hacia el sur y en su punto más cercano a Stalingrado y el Volga. La retirada del río Don significaba que los soviéticos no tenían obstáculos naturales detrás de los cuales establecer una fuerte defensa. La siguiente posición verdaderamente defendible era la propia Stalingrado. Si los soviéticos se retiraban hacia el lado este del Volga, la guerra podría terminar, ya que los alemanes cortarían una de las principales líneas de vida de la URSS y serían libres de moverse al sur del Cáucaso sin temor a un ataque a su flanco norte.

Orden #227

Siendo así, Josef Stalin emitió una directiva: "Orden #227", a veces conocida como la orden "Ni un paso atrás". La directiva en sí nunca fue publicada ni distribuida públicamente. Stalin la leyó en la radio, y sus subordinados estaban muy al tanto de su contenido, entre las cuales estaba el establecimiento de batallones penales para cada agrupación del "frente". (En el sistema de mando soviético, el "frente", como el recién formado "Frente de Briansk" y el "Frente de Voronezh" en el área cercana a Stalingrado, eran equivalentes al "Grupo de Ejército" de Alemania). Estos batallones penales estarían formados por hombres que se consideraba que habían estado eludiendo su deber, eran irresponsables o habían cometido crímenes. Los batallones penales, en su mayoría, eran una sentencia de muerte, ya que estos hombres llevaban a cabo las tareas más peligrosas (como desactivar minas bajo fuego alemán), aunque Stalin les dio a estos hombres "una oportunidad de redimir por sangre sus crímenes contra la Madre Patria".

La orden #227 también estableció "destacamentos de bloqueo", que estarían formados por hombres de la policía secreta. Estas unidades estaban facultadas para disparar a los hombres que se retiraban sin órdenes o para acorralarlos para enviarlos a los batallones penales.

La orden también autorizaba el arresto inmediato de cualquier oficial —de cualquier grado— que ordenara retiradas no autorizadas o aceptara la retirada de sus unidades sin órdenes. La mayoría de estos hombres fueron llevados y fusilados, aunque algunos terminaron en los batallones penales, donde la mayoría murió.

En los primeros tres meses de la batalla en Stalingrado, los destacamentos de bloqueo fusilaron a unos 1.000 hombres y enviaron a casi 25.000 a los batallones penales. En octubre, las líneas del frente comenzaron a estabilizarse y los destacamentos de bloqueo se fueron retirando lentamente, aunque siguieron formando parte de las fuerzas armadas soviéticas hasta 1944.

Stalin reescribió la orden después de que sus generales hubieran presentado un documento muy estéril sin ningún sentimiento patriótico real. Aquí hay algunos ejemplos:

«Algunos estúpidos del frente se calman con la habladuría de que podemos retirarnos más al este, ya que tenemos mucho territorio, mucho terreno, mucha población y que siempre habrá mucho pan para nosotros. Quieren justificar el infame comportamiento en el frente. Pero tal discurso es una falsedad, útil solo para nuestros enemigos».

«Por lo tanto, es necesario eliminar la habladuría de que tenemos la capacidad de retirarnos sin cesar, que tenemos mucho territorio, que nuestro país es grande y rico, que hay una gran población, y que el pan siempre será abundante. Esa palabrería es falsa y parasitaria, nos debilita y beneficia al enemigo, si no dejamos de retroceder nos quedaremos sin pan, sin combustible, sin metal, sin materia prima, sin fábricas ni plantas, sin ferrocarriles. Esto nos lleva a la conclusión de que es hora de terminar de retirarnos. ¡Ni un paso atrás! Tal debería ser ahora nuestro principal lema».

Los historiadores argumentan el efecto de la orden, diciendo que en el momento de la batalla de Stalingrado, era evidente para casi todo el mundo que la retirada no era una opción y que la pérdida de la ciudad podría llevar a la pérdida del petróleo, el Volga y la guerra. Otros argumentan que la orden era necesaria después de todas las derrotas en el sur, así como los considerables reveses en otros lugares desde el comienzo de la guerra. Creen que se necesitaba una disciplina severa para detener el pánico.

Más tarde en la batalla, y en la guerra, los alemanes adoptaron el uso de unidades de bloqueo y ejecución sumaria. Los batallones penales habían sido un hecho en el ejército alemán durante algún tiempo.

23 de agosto de 1942

La *Luftwaffe* lanzó casi 2.000 salidas sobre Stalingrado (una "salida" es un vuelo individual —si un avión voló cinco salidas, voló cinco veces), empleando bombarderos medianos y de inmersión. Muchas de las bombas que cayeron sobre Stalingrado fueron incendiarias, y además de las explosiones de estos y otros artefactos, gran parte de la ciudad fue destruida en un día.

El humo de la ciudad se elevó dos millas en el aire y se podía ver a kilómetros de distancia. Fue un ataque devastador. La población de Stalingrado antes de la guerra era de unos 850.000 a 900.000 habitantes. El número de muertos dado para el bombardeo, que duró del 23 al 25 de agosto, oscila entre unos 900 y más de 40.000. Después de comparar incursiones similares en ciudades de tamaño similar a lo largo de la guerra y de examinar los documentos soviéticos después de la caída de la Unión Soviética, la mayoría de los investigadores cifraron el total entre 10.000 y 15.000 personas.

Cuando los alemanes terminaron de bombardear, Stalingrado estaba esencialmente "desaparecido". La mayoría de sus edificios más grandes eran ahora meras carcasas llenas de escombros. Las calles también desaparecieron, llenas de escombros de edificios caídos. Las áreas civiles más pobres en las afueras de la ciudad y en sus partes sureñas, que estaban mayormente compuestas de madera, desaparecieron. Algunos edificios permanecieron de pie, pero eran pocos y estaban muy dañados.

El centro de Stalingrado, que era considerado hermoso por muchos antes de la guerra, fue demolido. Algunas de sus fábricas sufrieron grandes daños, pero se las arreglaron para seguir produciendo, a veces sin techos o la mayoría de sus paredes.

El comando de la *Luftwaffe* creía que habían ganado la batalla antes de que empezara propiamente, y los soldados alemanes, al ver cómo oleadas de bombarderos sobrevolaban Stalingrado, se preguntaban cómo podía sobrevivir algo. Muchos esperaban que simplemente marchar a la ciudad y tomarla.

No podían estar más equivocados, ya que lo que la *Luftwaffe* hizo fue crear fortalezas —fortalezas de escombros. Los edificios derrumbados se las arreglaron para formar "autopistas" a través de los escombros, y a lo largo de la batalla, los soviéticos (y más tarde los alemanes) crearon más. Los escombros también proporcionaron puntos fuertes y búnkeres incorporados. El reconocimiento aéreo se hizo casi inútil. Los escombros también permitieron que los francotiradores desaparecieran entre las ruinas y atacaran repetidamente sin ser vistos. Los soviéticos habían estado entrenando a miles de francotiradores antes de que la guerra empezara, tanto hombres como mujeres, así que eran hábiles y peligrosos.

Famosamente, a pesar de todos los daños, una de las estatuas más reconocibles de Stalingrado, la de un grupo de niños pequeños jugando en una de las plazas principales de la ciudad, sobrevivió. Se puede abajo, con una foto de ella entonces y ahora.

Mucha gente cree que Stalin ordenó que no se evacuara a ningún civil de la ciudad antes de que comenzara la batalla, y que sus soldados lucharían más duro si los civiles se quedaban entre ellos. Esto no es cierto. Las evacuaciones civiles comenzaron el día después del primer bombardeo alemán. En los primeros días, más de 100.000 personas fueron enviadas al este sobre el Volga a una relativa seguridad. Más siguieron durante la primera parte de la batalla, cuando fue posible hacerlo.

Sin embargo, muchos se negaron a ir, permaneciendo voluntariamente en sus trabajos de fábrica y ayudando al ejército y a los médicos. Muchos de los que vivían en las afueras de la ciudad cayeron bajo control alemán. Algunas veces fueron tratados decentemente, y otras no. Muchas veces, simplemente fueron ignorados. Dentro de la ciudad, muchos se fueron a los sótanos que aún existían o vivían en las fábricas. Algunos incluso hicieron "casas" dentro de los escombros. Aun así, cuando la batalla terminó en febrero, la población civil de Stalingrado se estimaba entre 2.000 y 5.000 personas, muy lejos de lo que había tenido antes. El resto fueron evacuados o murieron.

Ilustración 7: Stalingrado en la primavera después de la batalla, 1943

Capítulo 4 - Soldados y generales

Ustedes ya han leído sobre el general alemán Friedrich Paulus. Paulus, junto con sus camaradas el mariscal de campo Erich von Manstein y el general Herman Hoth, son los nombres más reconocidos entre los alemanes en Stalingrado. Por supuesto, para los historiadores militares, muchos otros soldados alemanes son muy conocidos, ya que, aunque finalmente perdieron la batalla, los alemanes dentro de Stalingrado lucharon valientemente contra algunas adversidades.

A medida que los alemanes avanzaban hacia la ciudad, se enfrentaron a la resistencia de varias unidades soviéticas. Conduciendo hacia las afueras y el centro de la ciudad, se enfrentaron a dos ejércitos soviéticos: el 62º y el 64º. De julio a agosto de 1942, el general Vasily Chuikov comandó el 64º, y en agosto, el comando fue dado al general Mikhail Shumilov, quien comandó el ejército durante el resto de la batalla. Shumilov lucharía hasta el final de la guerra y recibiría distinciones en varias posiciones.

Hasta el 11 de septiembre, el 62º Ejército fue comandado por los generales Vladimir Kolpachy (julio a agosto de 1942) y Anton Lopatin (agosto a septiembre de 1942). Estos hombres fueron capaces y terminaron la guerra como "Héroes de la Unión Soviética", pero a medida que la batalla comenzó a desarrollarse en la ciudad, Stalin determinó que un tipo diferente de comandante debía hacerse cargo del 62º. Este hombre era el antiguo comandante del 64º Ejército: Vasily Chuikov.

Ilustración 8: Vasily Chuikov antes de Stalingrado

En los Estados Unidos, los generales Dwight D. Eisenhower, George S. Patton y Douglas MacArthur son considerados líderes heroicos durante la Segunda Guerra Mundial. En el Reino Unido, son los mariscales de campo Bernard Montgomery y Harold Alexander. En la Unión Soviética, el mariscal Georgy Zhukov, el mariscal Ivan Konev y el general (más tarde mariscal) Vasily Chuikov (con algunos otros) son venerados. Estos hombres, a través de su propia actuación y los esfuerzos añadidos de la máquina de propaganda soviética, se convirtieron en casi superhombres, y son considerados de la misma manera hoy en día.

Chuikov nació en 1900, cerca de Moscú. Murió en 1982 y está enterrado en el Mamáyev Kurgán, una colina que domina Stalingrado (ahora Volgogrado). Es uno de los sitios más famosos de la batalla de Stalingrado. Además de ser galardonado dos veces como "Héroe de la Unión Soviética" (el más alto honor de la URSS), Chuikov también recibió la Cruz por Servicio Distinguido de los Estados Unidos por sus acciones en Stalingrado.

En 1917, el año de la Revolución Bolchevique, Chuikov y su hermano se unieron a los Guardias Rojos revolucionarios. En 1918, se unió al Ejército Rojo propiamente dicho. Aunque el Ejército Rojo era nuevo, y muchos de sus comandantes eran bastante jóvenes, Chuikov, a la edad de dieciocho años, ascendió rápidamente a comandante de compañía adjunto en la guerra civil rusa, y al año siguiente, comandó un regimiento en Siberia.

Chuikov fue herido cuatro veces durante la guerra civil rusa. Una de estas heridas causó que su brazo izquierdo quedara parcialmente paralizado de por vida, y un fragmento permaneció en él hasta el final de sus días. De hecho, fue el causante de la infección que lo mató en 1982. Chuikov fue premiado dos veces con la "Orden del Estandarte Rojo" por su valentía.

En la década de 1920, Chuikov, junto con muchos otros oficiales soviéticos, sirvió como asesor del ejército chino (los nacionalistas). Allí, dirigió las fuerzas soviéticas en una gran batalla contra un poderoso señor de la guerra local en el norte de China por el control del Ferrocarril Soviético del Lejano Oriente. Durante el comienzo de la guerra de China con Japón en la década de 1930, Chuikov fue enviado de nuevo para ayudar a los chinos en su lucha contra los japoneses y para ayudar a garantizar que los chinos permanecieran en la guerra para evitar que Japón atacara a la URSS.

En 1939, Chuikov comandó el 4º Ejército en la invasión de Polonia por Stalin, así como el 9º Ejército en la guerra ruso-finlandesa, ambos con distinción.

Como comandante del 64º Ejército, Chuikov había evitado un gran ataque alemán, lo que permitió al 62º Ejército evitar el cerco. Ya bien conocido por Stalin por ser un comandante hábil y particularmente duro, Chuikov recibió el mando del 62º Ejército y lo que quedaba del 1º Ejército de Tanques cuando estalló la lucha en Stalingrado propiamente dicha.

Desde el principio, Chuikov envió un mensaje a sus tropas. No habría más retirada. Le dijo personalmente a los "ojos y oídos" de Stalin en la ciudad, Nikita Khrushchev, que «o los mantengo fuera [a los alemanes], o muero en el intento». Esto no era solo para él, sino también para sus oficiales y hombres. Chuikov sabía lo terrible que era la situación en Stalingrado, no solo localmente sino para el esfuerzo de guerra en general. Con ese fin, hizo que un número significativo de oficiales y hombres fueran ejecutados por cobardía.

Al principio de la batalla, Chuikov vio una de sus principales tareas como agregar "columna vertebral" a las unidades del Ejército Rojo bajo su mando. Durante la última parte de la batalla, durante una entrevista dijo: «Para ser honesto, la mayoría de los comandantes de división no querían realmente morir en Stalingrado. En cuanto algo salía mal, empezaban a decir: "Permítame cruzar el Volga". Yo gritaba: "Todavía estoy aquí" y enviaba un telegrama: "¡Un paso atrás y te dispararé!"».

En un momento de la batalla, los soviéticos controlaban solo un 10 por ciento de la ciudad, y gran parte de eso estaba bajo el mando de Chuikov. Las instalaciones de almacenamiento de petróleo cercanas estaban por encima y alrededor de su búnker de mando. En algún momento, uno o más de ellos fueron incendiados, y el aceite en llamas se derramó colina abajo en las trincheras y búnkeres soviéticos. Chuikov permaneció obediente y valientemente en su búnker de mando, sin saber si estaba a punto de ser asado vivo. Las llamas ardían directamente sobre su cuartel general.

A Chuikov se le atribuye el desarrollo de la táctica que pudo haber evitado que los soviéticos perdieran la batalla. Conocido como "abrazar al enemigo", ordenó a sus hombres usar los edificios, escombros, túneles de alcantarillado y trincheras recién cavadas para estar lo más cerca posible del enemigo. Esto se hizo para mitigar la ventaja alemana (en la primera parte de la batalla, por lo menos) en tanques, cañones y aviones. Acercarse tanto a los alemanes significaba que los nazis a menudo no podían usar sus armas más pesadas por miedo a golpear a sus propios hombres. Stalingrado se convirtió en una batalla excepcionalmente brutal como resultado de esto, y las bajas fueron astronómicas.

Una de las principales tareas de Chuikov era mantener abierto el cruce del río Volga, ya que controlaba la orilla oeste del río. Así es como los refuerzos y suministros fueron llevados a la ciudad y como los heridos y los civiles fueron retirados. Debido a los esfuerzos de Chuikov, los soviéticos alimentaron la ciudad con suficientes refuerzos para mantener a los alemanes ocupados. Como probablemente se puede decir, Chuikov es considerado uno de los más grandes héroes de Stalingrado.

Soldados: El *Landser* alemán

El soldado alemán promedio de a pie en la marcha hacia Stalingrado en el verano de 1942 llevaba su propia arma, que, la mayoría de las veces, era el famoso Mauser K (por "karbine") .98 (para 1898, año en que se desarrolló el modelo). Algunos suboficiales, tenientes, capitanes y unidades especiales de asalto habrían estado equipados con lo que los soldados americanos llamaban el "Burp Gun", llamada así por el sonido que hacía. Esta era la Maschinenpistole ("pistola mecánica" o "subametralladora") 40 (para 1940), o la MP 40. A veces se la llama incorrectamente "Schmeisser", en honor a Hugo Schmeisser, que había desarrollado uno de los primeros subfusiles alemanes en 1918, pero el diseño de la MP 40 no incluía a Schmeisser.

Los alemanes también emplearon un gran número de ametralladoras pesadas y medianas, la más famosa es la MG 42, que a veces se llamaba "la sierra de zumbido de Hitler" por el aterrador sonido que hacía. El MG 42 era tan efectivo que versiones de él todavía se usan en muchas de las fuerzas armadas de hoy en día, particularmente en Europa. El más pequeño MG 34 fue igualmente efectivo.

Las llanuras del sur de Rusia son calurosas en verano y heladas en invierno. Los uniformes de los alemanes eran completamente inadecuados para el invierno, pero también se enfrentaban a problemas durante el verano. Para los hombres que se dirigían a Stalingrado, que en su mayoría lo hacían a pie, el sol era implacable, y las llanuras ofrecían muy poca sombra. No ayudaba el hecho de que hacía bastante calor en verano. Marchando en el calor a veces 90ºF (32ºC), el *Landser* (el apodo de un soldado de infantería alemán) llevaba una manta de lana y una sábana de tierra, su famoso (pero pesado) casco de "escarcha de carbón", y un cinturón completo de municiones. En su espalda tenía una mochila de cuero, que sostenía su pequeña pala. Una máscara de gas estaría alrededor de su cuello o enganchada a su cinturón. Como nota al margen, muchos soldados alemanes tiraron sus máscaras de gas, ya que el uso de gas durante la Segunda Guerra Mundial era prácticamente inexistente, aunque el humo y otros contaminantes, especialmente en el entorno ardiente y podrido de Stalingrado, a menudo estaban siempre presentes. En su mano o atado en otro lugar, tenía una bolsa de tela, donde llevaba calcetines de repuesto, ropa interior y artículos personales.

Los oficiales y suboficiales podían llevar una variedad de armas y sus municiones. Cuando los hombres se acercaban a la batalla, se les suministraban granadas, pero a menudo, llevaban una o dos en su cinturón. Un cuchillo de combate y una cantimplora colgaban del cinturón de municiones. Si el soldado era de los ingenieros, o si tenía una tarea especial, podía llevar una mina antipersona o antitanque, pero generalmente, estos y otros equipos, como la cocina de campo, se llevaban en carros tirados por caballos o a veces en vehículos. En total, el *Landser* llevaba entre cuarenta y cincuenta y cinco libras de equipo con él en la marcha.

Hasta finales de 1943 y principios de 1944, el soldado alemán fue quizás el soldado mejor preparado y mejor entrenado del mundo. Hacia el final de la guerra, el asombroso número de bajas acortó los tiempos de entrenamiento y aumentó el número de hombres que entraban en las fuerzas armadas. Estos hombres eran a menudo bastante jóvenes e inexpertos, disminuyendo la efectividad del ejército.

Ilustración 9: Equipo y uniforme típicos de un soldado alemán, 1942/43

Soldados: El "Iván" soviético

El soldado soviético era conocido como "Iván" tanto por sus enemigos como por sus aliados. Incluso dentro del Ejército Rojo, un soldado cuyo nombre no era conocido por su nueva compañía podría ser llamado brevemente "Iván" de la misma manera que un soldado estadounidense podría haber sido llamado "Joe". Iván es el equivalente ruso a "John", y era el nombre más común en la URSS y a menudo encabeza la lista de nombres de bebé en la Rusia y Ucrania de hoy. Cuando la guerra estalló en 1941, los alemanes habían vivido y habían sido adoctrinados con la propaganda nazi durante ocho años. Como resultado, vieron a este "Iván" como alguien primitivo, un bruto que se las arreglaba para sobrevivir en las estepas de Rusia. "Iván" era duro, y tenía que serlo, ya que su propio gobierno era su peor enemigo en tiempos de paz. A pesar de los logros de la Unión Soviética en los años 30, la URSS seguía siendo un país relativamente pobre, y tanto si se vivía en la ciudad como si se trabajaba en el campo, en las minas o en cualquier otro trabajo físico, uno tenía que ser duro.

Al comienzo de la guerra, cientos de miles de soviéticos se convirtieron en prisioneros de guerra. Además de ser mal dirigidos, superados y rebasados en sus maniobras, muchos hombres del Ejército Rojo se rindieron simplemente porque odiaban el régimen de Stalin, que pudo haber sido aún más represivo que el de Hitler. Sin embargo, muy pronto se dieron cuenta de que ser tomado prisionero por los nazis era una sentencia de muerte. Los fugitivos hablaron de palizas, disparos en masa, hambre y mucho más. Los refugiados civiles que huían de los nazis contaban las mismas historias. Esto ayudó a endurecer la determinación del Ejército Rojo.

En la época de Stalingrado y la Orden Nº 227, la mayoría de los "Ivanes" estaban listos para luchar a muerte y llevarse a tantos alemanes como fuera posible. En las peleas callejeras que estallaron en Stalingrado, "Iván" se convirtió esencialmente en un arma humana, una que los alemanes temían mucho.

La situación del soldado soviético dependía de muchas cosas. ¿Era un soldado veterano en una unidad establecida? ¿Era un veterano en una unidad que había sido golpeada o disuelta? ¿O era un nuevo recluta? Las respuestas a estas preguntas a menudo dictaban el equipo que uno recibía.

En muchos libros, documentales, e incluso en la película *Enemigo al acecho*, los soldados soviéticos fueron llevados al frente sin ningún tipo de armas. Esto fue cierto, y no solo en Stalingrado. También fue el caso en Leningrado en el invierno de 1941, así como en otros lugares en la primera mitad de la guerra en la URSS. A estos reclutas, algunos de ellos prácticamente sin entrenamiento alguno, se les dijo que se mantuvieran cerca del hombre que tenían por delante, quien *podría* tener un arma, y que la cogieran cuando este cayera. O siempre podían tomar una de un cadáver. El promedio de vida del recluta soviético durante los peores días de Stalingrado, que fueron los meses de agosto, septiembre y octubre de 1942, fue de *siete minutos* en el frente.

Se podía esperar que el soldado soviético decentemente equipado en Stalingrado llevara una manta de lana a la batalla. La manta se enrollaría y cubriría el pecho y la espalda y se ataría en los extremos. Usaba o llevaba su casco y a veces se le deslizaba un sombrero de la guarnición por el cinturón. También llevaba una camisa de lino áspero de manga larga bajo una chaqueta acolchada. Los pantalones de lana se usaban con las piernas del pantalón metidas en valenki, botas rusas de campesino de fieltro aplastado, que eran estupendas en invierno. Se usaban y llevaban paños para los pies, no calcetines. Eran largas tiras de lino u otro tipo de tela envueltas alrededor del pie hasta la pantorrilla bajo las botas. Muchas veces, los soldados soviéticos se conformaban con los zapatos de casa, aunque también se los quitaban a los camaradas o enemigos muertos. También se usaban botas de cuero al estilo de las botas de goma (como los alemanes), especialmente hacia el final de la guerra cuando los suministros eran más abundantes.

Los abrigos de lana pesados se entregaban en invierno cuando estaban disponibles. El soldado soviético estaba generalmente mejor preparado para el frío, pero no era impermeable a él, especialmente cuando no tenía el equipo adecuado. El congelarse era una amenaza tanto para los soviéticos como para los alemanes.

"Iván" podía llevar varias bolsas, atadas a su cinturón o quizás enrolladas en su manta. Estas podrían llevar una mitad de refugio (una mitad de una tienda de campaña para ser emparejada con la de otro soldado), una camisa extra, y otros artículos personales, así como su cantimplora, cuchillo y pala.

Ilustración 10: Este moderno recreador ruso lleva un uniforme y equipo preciso de la época soviética de la Segunda Guerra Mundial

"Iván" llevó dos versiones principales del robusto y preciso rifle Mosin-Nagant durante la guerra, que también era un excelente rifle de francotirador cuando estaba equipado con una mira. Solo los oficiales llevaban armas de fuego; esto no incluía a los suboficiales. "Iván" llevaba clips de repuesto para su rifle en sus amplios bolsillos o a veces en un cinturón de municiones, donde también podía deslizarse en una o dos granadas (para los que estaban familiarizados con el armamento de la Segunda Guerra Mundial, las granadas soviéticas se parecían al famoso "machacador de patatas" alemán).

Otro famoso símbolo de los soviéticos en la Segunda Guerra Mundial era el PPSh-41 (en ruso, *pistolet-pulemyot Shpagina* – "pistola mecánica Shpagin"). La PPSh-41, creada por Georgy Shpagin, fue llamada a veces *papasha* por el sonido de su acrónimo. En ruso, papasha significa "papá". La versión más reconocible de la ametralladora estaba equipada con un cargador de tambor de 71 rondas, aunque al final de la guerra, la mayoría de estas armas llevaban un cargador de caja de 35 rondas. El arma era fácil de producir en masa, y era lo suficientemente robusta y precisa. Los soldados alemanes apreciaban el arma, y a veces la recolectaban de pisos soviéticos tomados o trataban de quitársela a los enemigos en el campo de batalla.

Abajo, se puede ver el MP 40 en la parte superior y el PPSh en la inferior.

Durante la batalla de Stalingrado, los alemanes tuvieron verdaderos problemas con sus armas y vehículos congelándose. Los soviéticos, por otro lado, no lo tuvieron, por una razón muy inteligente. El aceite de los vehículos se espesa y se congela en el frío extremo, haciendo que el vehículo sea inútil. El único remedio para esto era mantener el vehículo funcionando todo el tiempo, algo que, especialmente para los alemanes, costaba mucho combustible. De la misma manera, los cañones, desde los más pequeños a los más grandes, necesitaban ser aceitados para funcionar sin problemas. Los alemanes frecuentemente encontraban sus armas y cañones congelados, sólidos e inútiles. Los soviéticos añadían pequeñas cantidades de gasolina al aceite de los vehículos y las armas, lo que evitaba que se congelaran. Este pequeño truco pudo haber salvado cientos de vidas soviéticas y arruinado cientos de vidas alemanas.

Capítulo 5 - Schlacht an der Wolga

En alemán, la palabra para lucha, batalla o combate es *Kampf*. A veces, sin embargo, se ve la palabra *Schlacht* refiriéndose a una batalla. *Schlacht* significa "matanza", y difícilmente se verá referirse a Stalingrado como algo más en ese lenguaje. No fue realmente una pelea o una batalla, pero definitivamente puede ser considerada una matanza, y no solo porque los alemanes perdieron. Stalingrado fue un lugar de matanza. En el espacio de unos seis meses, casi un millón de personas murieron, y otro millón fueron heridas o desaparecidas.

Ni siquiera en las películas de guerra más gráficas, uno no puede tener la sensación de lo que fue luchar o vivir en Stalingrado. Incluso en películas relativamente realistas, como la alemana *Stalingrado* (1993) o *Enemigo al acecho* (2001), uno no puede ver, oler u oír como lo que hicieron los hombres que lucharon allí.

Debido a que la lucha era tan intensa prácticamente todo el tiempo, la mayoría de los muertos en la batalla permanecieron en el lugar donde murieron o fueron destrozados. Los hombres que quedaron vivos tuvieron que navegar por calles, callejones y edificios cubiertos de órganos y miembros humanos. Los heridos en "tierra de nadie" quedaban entre los dos ejércitos, a menudo gritando a todo pulmón durante horas. Ninguno de los dos bandos estaba por encima de herir a un hombre y dejarlo en algún lugar como "cebo" para sus camaradas. Esto también se hacía con los prisioneros.

Los piojos estaban por todas partes, y en el invierno, enjambres de ellos aparecieron directamente en las axilas y entrepiernas de los soldados, donde hacía calor. Hacían que los soldados se sintieran miserables y ayudaban a propagar enfermedades.

La población de ratas también se multiplicó. Como muchos de sus padres tuvieron en las trincheras y en las tierras de nadie de la Primera Guerra Mundial, los soldados tuvieron que ver cómo sus camaradas muertos y moribundos eran devorados por ratas y a veces por jaurías de perros.

Ilustración 11: Los soviéticos abriéndose camino entre los escombros de la ciudad

La lucha en Stalingrado es recordada por varias cosas. Primero, fue el punto de inflexión en la guerra. A diferencia de tantos puntos cruciales de la historia, cuya importancia a veces solo se reconoce años después, ambos bandos parecían saber que esta batalla podría posiblemente decidir la guerra. En el excelente libro de Catherine Merridale sobre la vida de los soldados soviéticos durante la guerra,

La Guerra de Iván (2007), cuenta cómo incluso las bases parecían saber que Stalingrado sería el punto de inflexión. Un hombre escribió a casa: «Sin excepción, todos estamos preocupados por Stalingrado. Si el enemigo logra tomarla, todos sufriremos». Otro dijo: «Te escribo desde un lugar histórico en un momento histórico».

En segundo lugar, la lucha, en gran medida, fue muy cercana y personal. Como Chuikov y otros comandantes soviéticos habían dicho a sus hombres que "abrazaran al enemigo" y no cedieran ni un centímetro de terreno, los edificios se convirtieron en campos de batalla en miniatura. A veces un bando sostenía un piso, mientras que el otro bando tomaba el de abajo, el de arriba o ambos. Los hombres llamaron a esto una "batalla de capas".

El ejemplo más famoso de tal batalla tuvo lugar en lo que se conoció como "La Casa de Pavlov". Hoy en día, solo una pared del edificio se encuentra en Stalingrado (ahora conocido como Volgogrado), y es un monumento venerado.

Ilustración 12: Los restos y el memorial de la casa de Pavlov hoy en día

Ilustración 13: Sargento Yakov Pavlov

El sargento Yakov Pavlov comandó el pelotón que tomó la casa, y la retuvieron durante sesenta días. La casa ocupaba una posición importante frente a las principales líneas soviéticas, y desde ella, los "Ivanes" del interior podían ver virtualmente 360 grados a su alrededor, ya que el edificio estaba situado en una zona con calles, plazas y avenidas anchas. Esto permitía a los hombres que estaban dentro, comunicar por radio al mando soviético los movimientos de las tropas alemanas de la zona. También usaban a veces a los corredores, quienes tenían que abrirse camino a través de las líneas alemanas.

Inicialmente, los alemanes trataron de expulsar a los soviéticos con tanques, pero pronto aprendieron que los Panzers eran muy vulnerables a los ataques desde arriba, donde sus armaduras eran las más delgadas. A principios de 1941, los soviéticos desarrollaron un rifle anti-tanque de un solo hombre, el PTRD-41. Esta arma resultó ser ineficaz en su mayor parte, pero era efectiva contra semiorugas o vehículos de mando ligeramente blindados. El rifle, que tenía un alcance de 1.000 yardas (914 m), demostró ser un rifle de francotirador algo útil, aunque su fuerte ruido y el polvo que lanzaba al aire hacían que la posición del francotirador se develara rápidamente. Contra tanques más pesados, era inútil, excepto cuando se disparaba desde arriba a través de la torreta de techo fino. Esto, combinado con cientos de "cócteles molotov" inflamables, hizo que los tanques alemanes se detuvieran en seco en numerosas ocasiones.

Como resultado, los alemanes tuvieron que enviar un ataque de infantería tras otro para capturar la casa de Pavlov. A veces, los alemanes se veían reducidos por el marcador al acercarse a la casa. Otras veces, lograron entrar, pero solo por un tiempo. Allí tuvo lugar la lucha que hizo tan notable la batalla de Stalingrado, como lo hizo una y otra vez durante meses. Los alemanes podían tomar un piso o incluso dos, solo para encontrarse con las granadas que les llovían desde arriba. La lucha cuerpo a cuerpo, un sello distintivo de Stalingrado, tuvo lugar regularmente, y la gente luchó con palas, cuchillos y picos afilados.

A veces durante los sesenta días, se enviaban refuerzos. A veces eran enviados de vuelta, con el resto de los hombres de la unidad de Pavlov diciéndoles que no se irían a menos que fuera en una bolsa. Aun así, el desgaste cobró su precio, y se enviaron más hombres. Cuando era posible, los hombres se escabullían entre las ruinas por la noche, llevando municiones, armas, comida y agua. Por supuesto, muchos hombres no lo lograron.

Después de dos meses de lucha, las principales líneas soviéticas pudieron avanzar y relevar a los hombres de Pavlov. El sargento Pavlov y muchos de los defensores fueron premiados varias veces por su defensa del edificio. El mismo Pavlov se convirtió en diputado del Sóviet Supremo de la República Rusa; murió en 1981. (Para ustedes, gamers de ahí fuera, el "*Call of Duty*" original presentaba algunos sitios del Frente Oriental. Uno de los mapas es "La Casa de Pavlov").

La tercera razón por la que la batalla de Stalingrado es tan bien recordada hoy en día es por los francotiradores que lucharon allí. Por supuesto, el francotirador más famoso de Stalingrado fue Vasily Zaitsev, cuya historia fue contada en el libro de William Gates, *Enemigo al acecho* (1974), y en la película de 2001 del mismo nombre.

La historia de Zaitsev se volvió tan monumental que es difícil discernir qué es realidad y qué es ficción. Según la línea oficial, las muertes de Zaitsev aumentaron diariamente y fueron promovidas en la propaganda soviética. Entre sus muertes y las de muchos otros francotiradores soviéticos en la ciudad, los alemanes perdían un número increíble de oficiales y señalistas. De lo que no se habla tanto es que los alemanes también tenían un número extraordinario de francotiradores en la ciudad, algunos de ellos muy buenos. Sin embargo, la historia que se ha transmitido a través del tiempo es que el Mayor Erwin König, el jefe de una "escuela de francotiradores alemanes", fue enviado a Stalingrado. Su único propósito era cazar y matar a Zaitsev. Según la historia oficial soviética, y el propio Zaitsev, después de días de perseguir su objetivo, el alemán fue asesinado por Zaitsev después de que vio el destello del catalejo de König bajo una pila de escombros. El único problema es que esto nunca sucedió.

¿Pero qué pasó? Zaitsev, un hijo de pastor de los montes Urales que protegió su rebaño disparando a los lobos, de hecho, mató a 225 soldados alemanes en Stalingrado, además de casi una docena más antes de la batalla. Sin embargo, como los soviéticos sabían que Stalingrado podría ser la batalla crucial de la guerra, se pusieron a adornar la historia de Zaitsev. Se convirtió en el "hombre común" soviético. Después de todo, la historia de Zaitsev era muy conocida; era solo el hijo de un pobre pastor. Pero incluso el más pobre de los rusos podía alcanzar la grandeza en la URSS en la lucha contra el fascismo.

Para hacer la historia más personal y dramática, la máquina de propaganda de la Unión Soviética se puso en marcha y creó la historia del Mayor König. No hay registros en los bien cuidados archivos alemanes que indiquen que alguna vez hubo un Mayor Erwin König

—todo era ficción. ¿Pero por qué Zaitsev insistió en que era verdad? Hay tres razones probables. La primera es la más probable. En la Unión Soviética de Stalin, cuando te decían que hicieras algo, lo hacías. Segundo, Zaitsev comenzó a creer en la historia con el tiempo, lo cual es un fenómeno muy conocido. Tercero, disfrutó de la fama y la notoriedad que venía con ella.

En realidad no importa si la historia no es cierta. Lo que sí es cierto es que Zaitsev y los otros francotiradores soviéticos hicieron de la vida un infierno para los alemanes en Stalingrado. Y estos francotiradores no eran todos hombres. Durante la guerra, 800.000 mujeres soviéticas lucharon en el frente o en el aire, y muchas de ellas eran francotiradoras. Algunas de ellas eran muy buenas y tenían un total de muertes más alto que Vasily Zaitsev cuando la guerra terminó.

Zaitsev murió en 1991 a la edad de setenta y seis años. Fue enterrado en el Mamáyev Kurgán, junto con Chuikov y muchos otros héroes de la batalla.

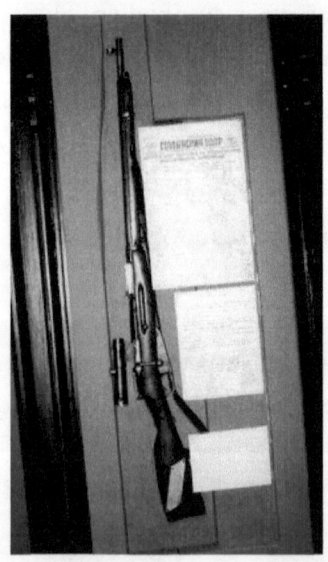

Ilustración 14: El rifle de Zaitsev en el Museo de la Batalla de Stalingrado hoy

Hay otra historia interesante que parece surgir. Esta historia es sobre un joven soviético que era un aprendiz de zapatero. Hay varias versiones de la misma. Se ve una en *Enemigo al acecho*, hay otra en la película alemana "*Stalingrado*" de 1993, y se puede encontrar más en la literatura. De cualquier manera, la historia termina de la misma manera. El joven zapatero, atrapado tras las líneas alemanas, repara las botas de los nazis. Los observa y escucha con sus conocimientos básicos de alemán. Entonces retroalimenta a los rusos, pero finalmente es descubierto y colgado (o disparado) por los alemanes. Probablemente hay algo de verdad en la historia en alguna parte.

Volviendo a la batalla en cuestión, Stalingrado es también conocida por las batallas que tuvieron lugar en las fábricas de la ciudad. Las tres fábricas más grandes fueron la fábrica de tractores de Stalingrado, la fábrica de Octubre Rojo y la fábrica de Barrikady. Cada una de estas fábricas, que eran más como gigantescos complejos de fábricas que un solo edificio, producían suministros de guerra vitales y lo hacían durante la batalla a menos que fueran capturadas. Para capturarlas, los alemanes llevaron unidades altamente entrenadas de ingenieros de asalto de otros frentes.

Luchar en los complejos de fábricas era como una guerra en sí misma. Solo en el complejo de la fábrica de tractores o cerca de él, se estima que 30.000 hombres murieron en tres meses. Piense en eso por un momento. En los diez años de la guerra de Vietnam, los Estados Unidos perdieron unos 58.000 hombres. Con las bajas de los tres edificios de la fábrica juntos, es probable que 100.000 personas perdieran la vida. Al igual que las batallas en las calles y edificios, estas luchas a veces involucraban a grupos de soviéticos a un lado del muro y a alemanes al otro.

Por último, para abastecer a los defensores de Stalingrado, los soviéticos solo tenían una opción: llevar suministros y hombres del otro lado del Volga, el río más grande de Europa. Para ello, tuvieron que realizar un gran número de ataques aéreos y de artillería contra los alemanes, que tuvieron un gran éxito. Los barcos que lograban llegar a la ciudad llevaban civiles, heridos y mensajes, entre otras cosas. A veces no conseguían volver al lugar donde habían empezado, pero a medida que la batalla avanzaba, las defensas aéreas soviéticas sobre el río crecían en fuerza, haciendo el viaje un poco más seguro antes de que el río se congelara en pleno invierno.

Capítulo 6 - Los alemanes son derrotados en su propio juego

Mientras el 6º Ejército luchaba en Stalingrado, la campaña alemana en el Cáucaso continuó. La lucha allí fue dura, pero no estuvo al mismo nivel que en Stalingrado. Los alemanes se dirigieron a la mitad de la península, a veces luchando en hermosas ciudades al estilo de Oriente Medio entre palmeras y naranjos, y otras veces luchando en la atmósfera implacable de las montañas nevadas del Cáucaso. Nunca llegaron a Bakú y sus ricos campos de petróleo. Aunque llegaron a algunos de los campos de petróleo más pequeños de la zona, encontraron el equipo destruido y los campos en llamas. Incluso si los alemanes hubieran tomado el área, podrían haber pasado meses o incluso años antes de que pudieran hacerla productiva de nuevo.

A finales de diciembre, los nazis sabían que estaban condenados si se quedaban donde estaban, ya que los soviéticos habían cambiado la situación de Hitler en el área de Stalingrado.

El 13 de noviembre de 1942, Stalin aprobó la Operación Urano. En el mito y la astrología rusa, Acuario era el signo dominante de Rusia. Los planetas dominantes de Acuario son Urano y Saturno, y fue a partir de esto que los soviéticos nombraron la operación que creían que infligiría un golpe mortal a los alemanes en Stalingrado.

La planificación del contraataque Urano había comenzado en septiembre, en un momento en que las cosas se veían muy mal para el Ejército Rojo. Pero el STAVKA se dio cuenta de varias cosas a su favor. En primer lugar, las líneas de suministro alemanas estaban seriamente sobrecargadas. Los rusos sabían cuánto suministro estaba siendo destruido o capturado por los partisanos en su camino a Stalingrado.

En segundo lugar, los prisioneros alemanes estaban cada vez en peor estado. Estos hombres esperaban una rápida victoria y en su lugar consiguieron una carnicería. A medida que el otoño avanzaba y el clima se volvía más frío, los soviéticos se dieron cuenta de que sus prisioneros estaban cada vez más delgados y enfermos. Una cosa que mucha gente no sabe de la campaña de Stalingrado es que los alemanes y sus aliados húngaros, rumanos e italianos sufrieron una epidemia de tularemia. La tularemia es una enfermedad transmitida por roedores, originaria de las estepas del sur de Rusia, Ucrania y Asia Central. La mayoría de las tropas soviéticas habían sido vacunadas contra ella, pero los alemanes no parecían saberlo hasta que fue demasiado tarde. La tularemia ataca muchas áreas del cuerpo, incluyendo los pulmones, los nódulos linfáticos, los ojos y la piel. Puede ser mortal si no se diagnostica y se trata a tiempo. La enfermedad, además de hacer que uno se sienta extremadamente incómodo (los síntomas incluyen picazón, escalofríos y fiebre), también provoca dolores de cabeza masivos y agotamiento. Muchos de los soldados infectados por la tularemia murieron.

En tercer lugar, los rusos sabían (como deberían saber los alemanes) que se acercaba el invierno. Aunque era su segundo invierno de la guerra, los alemanes estaban radicalmente mal preparados. Sin embargo, los soviéticos estaban preparados. En el invierno de 1942/43, las temperaturas llegaron a -40ºC. La ilustración de abajo, que fue hecha antes del final de la Primera Guerra Mundial, muestra a un viejo "aliado" ruso, conocido por todos como el "Invierno Ruso" o "General Invierno".

Ilustración 15: El "Invierno ruso" barre a los enemigos de Rusia ante él

Cuarto, los soviéticos estaban al tanto del despliegue de las fuerzas del Eje en la ciudad y al norte y al sur de ella. En la misma Stalingrado, donde la lucha era más intensa, se veía a los alemanes luchando. Al norte y al sur, los húngaros y los rumanos (que a menudo tenían que ser separados por unidades de italianos y tropas alemanas de segunda clase debido a la enemistad entre ellos) mantenían la línea. Las tropas de estos dos países habían luchado a veces duramente, especialmente al principio de la guerra, cuando se apoderaron de tierras en el sur de Rusia y Ucrania, que les había prometido Hitler. Sin embargo, a medida que la guerra avanzaba, su moral y su voluntad de luchar disminuyeron. Además de esto, estaban equipados con armas anticuadas y prácticamente no tenían armas antitanque de ningún valor. Abajo, se puede ver imágenes de soldados húngaros (arriba) y rumanos (abajo).

Por último, los soviéticos sabían que tenían millones de hombres más en entrenamiento y en reserva, lo cual era algo que los alemanes no podían creer. Un millón de estos hombres fueron detallados para la próxima operación, un movimiento más estratégico que lanzarlos a la ciudad uno por uno.

La Operación Urano fue el producto de mucha planificación y mucho secreto. Solo dos hombres, Stalin y el jefe de personal del Ejército Rojo, el mariscal Boris Shaposhnikov, conocían todo el plan. Los comandantes de los distintos frentes solo conocían las partes relevantes del plan. Había tres frentes soviéticos principales: el "Frente de Stalingrado" al sur de la ciudad, comandado por el general

Andrey Yeryomenko; el "Frente del Suroeste" al norte, comandado por el general Nikolai Vatutin; y el "Frente del Don" dentro y frente a Stalingrado, comandado por el general Konstantin Rokossovsky.

Durante dos semanas antes de que comenzara la contraofensiva soviética, todo el correo que entraba y salía de la zona se detuvo. Se estableció un falso tráfico de radio, permitiendo a los alemanes creer que los rusos estaban casi al final de la cuerda. Los estrictos toques de queda, junto con la disciplina de luz y sonido, fueron impuestos con dureza. La mayoría de los movimientos importantes se hacían solo de noche con luces tenues, si las había.

Durante semanas, los soviéticos habían estado llevando a cabo un cuidadoso acto de equilibrio en el mismo Stalingrado. Habían estado alimentando la ciudad con suficientes hombres para mantener a los alemanes ocupados y concentrados en su objetivo. Todo el tiempo, habían estado acumulando tropas a ambos lados de la metrópoli en ruinas. Aquellos de ustedes que estén familiarizados con la carrera posterior del gran boxeador Muhammad Ali reconocerán esto como una versión masiva del "Rope-a-Dope", un movimiento en el que Ali permitiría a su oponente cansarse mientras reservaba su propia fuerza para los últimos asaltos cuando asestaría un golpe de gracia, como con George Foreman en 1974.

Ambos frentes soviéticos atacantes tenían alrededor de medio millón de hombres. Casi 900 tanques se dividieron entre ellos, así como casi 14.000 cañones y 1.500 aviones. Frente a ellos había unos 250.000 alemanes (muchos de ellos dentro de la ciudad), tal vez 500 cañones, 400 aviones utilizables y un par de cientos de tanques utilizables de varios tipos. Las fuerzas rumanas, húngaras e italianas en los flancos sumaban unos 500.000 hombres, pero tanto las fuerzas alemanas como sus aliados sufrían de hambre, baja moral, mal equipamiento (especialmente en el caso de los aliados), y mal abastecimiento. Por el contrario, la moral soviética estaba muy alta y a punto de aumentar.

En las mañanas del 19 y 20 de noviembre, las fuerzas soviéticas contraatacaron primero en el norte. Luego, después de que la atención de los alemanes se hubiera desplazado hacia el norte, las fuerzas soviéticas del sur atacaron. El clima fue sombrío durante todo el mes de noviembre. Estaba muy por debajo del punto de congelación, y una niebla helada colgaba sobre el campo de batalla, haciendo difícil la visibilidad y la audición.

La propaganda soviética/rusa ha cultivado cuidadosamente una imagen de cientos de miles de soldados soviéticos vestidos de blanco en tanques T-34 de carrera, saliendo de la niebla para tomar a los alemanes y a sus aliados por completa sorpresa y sembrando el terror muy por detrás de las líneas del frente. En este caso, la propaganda es bastante precisa. Sumado al temor de los alemanes fue el lanzamiento de cientos de miles de cohetes Katyusha, que fueron disparados justo delante de los tanques de carga. Estas armas, llamadas "órgano de Stalin" por los alemanes por el espeluznante sonido que hacían, no eran muy precisas, pero podían descargar cientos de pequeños cohetes del tamaño de un proyectil de artillería para saturar un área pequeña, muchas veces destruyendo todo a su paso.

Uno de los alemanes que se enfrentó a los rusos fue Gunter Koschorrek, cuyas memorias se publicaron en 2011 *como Nieve Roja de Sangre: Las memorias de un soldado alemán en el frente oriental.* Escribió: «Wilke grita, "¡Los tanques están llegando! ¡En grandes cantidades! ¡En enjambres de ellos!" Sus últimas palabras son ahogadas por el ruido de las explosiones de los proyectiles que los tanques nos disparan. ¡Entonces yo también los veo! Primero, es como un muro de fuego avanzando sobre nosotros, luego una horda de escarabajos marrones se acerca lentamente a través de la estepa blanca... Así que esto es lo que los soviéticos han preparado: un colosal ataque de tanques».

En pocas horas, los aliados alemanes en los flancos, así como las pocas unidades alemanas allí, o entraron en pánico y huyeron, fueron asesinados, o fueron tomados como prisioneros. Los tanques soviéticos no dudaron en vengarse. A veces, conducían sobre una trinchera o fosa enemiga y luego mantenían una pista quieta mientras conducían la otra hacia adelante o hacia atrás. Esto tenía el efecto de hacer girar el tanque, que lo molía en la tierra, aplastando y moliendo a cualquiera que tuviera la desgracia de estar debajo. Las tropas alemanas en retirada que corrían por la estepa fueron atropelladas a propósito por cientos de personas. Ambos bandos emplearon esta aterradora táctica a medida que la batalla avanzaba.

Los soviéticos se adentraron más de lo que los alemanes jamás podrían haber imaginado. Cruzaron el río Don en Kalach, a unas setenta millas de Stalingrado. El 23 de noviembre, las dos puntas del ataque soviético se unieron en esa área. Los alemanes y sus aliados en Stalingrado y sus alrededores estaban rodeados, y las fuerzas alemanas más cercanas se encontraban a unas sesenta o setenta millas de distancia.

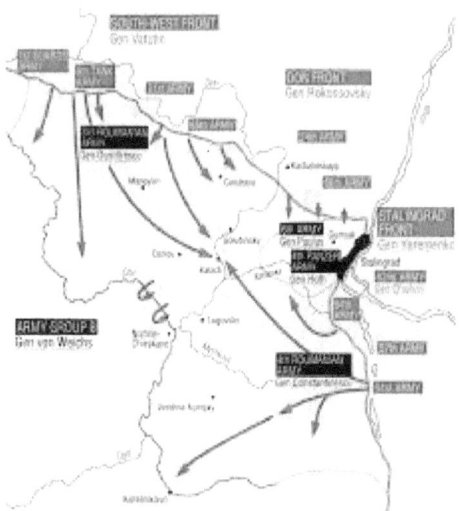

Ilustración 16: Operación Urano

Cuando Hitler y el Alto Mando Alemán oyeron la noticia, se mostraron incrédulos. ¿De dónde habían salido todos estos hombres? Aun así, los informes llegaron a raudales sobre la magnitud del revés. Casi de inmediato, muchos de los generales de Hitler, tanto en Alemania como en el campo, le recomendaron que ordenara a las fuerzas en Stalingrado que intentaran una fuga y que las fuerzas alemanas en el área del Don se inclinaran hacia ellos, lo que abriría una brecha en las fuerzas soviéticas para que los restos del 6º Ejército se retiraran. Hitler se negó. En su lugar, ordenó a Paulus que permaneciera en su lugar.

En Stalingrado, Paulus y su personal vacilaron entre pensar que podían aguantar hasta que se enviara una fuerza de socorro, pensando que podían escapar ellos mismos, y sintiéndose condenados. Por supuesto, con cada día que pasaba, el sentimiento de perdición aumentaba.

Cuando el alcance del contraataque soviético quedó perfectamente claro, Hitler ordenó a sus fuerzas en el Cáucaso que se retiraran, la mayoría de ellas ya lo estaban haciendo por su cuenta. Lo que quedaba de las fuerzas de Hitler en el Cáucaso no cruzó a Crimea hasta la primavera de 1943. Incluso en ese momento, cuando toda la realidad dictaba lo contrario, Hitler no permitió que sus tropas en Kerch cruzaran a la península de Crimea porque pensó que necesitaba un punto de apoyo allí para cuando sus tropas regresaran a la zona.

Stalingrado fue cuando Hitler realmente comenzó su descenso a la "irrealidad". Una y otra vez, ordenó a sus hombres que se quedaran en la ciudad, creyendo que su mejor general, Erich von Manstein, atravesaría las líneas rusas y ayudaría a Paulus a retomar la ciudad.

Los alemanes discutieron entre ellos hasta que comenzaron un ataque en la zona sur del frente soviético, esperando abrirse paso hacia la ciudad. Se ordenó a Paulus que se quedara en el lugar. Aunque muchos historiadores han dicho que la mejor opción era que las fuerzas de Paulus escaparan al sur para encontrarse con Manstein, análisis más recientes indican que casi desde el principio, los hombres congelados y medio muertos de hambre de Paulus habrían perdido el 50 por ciento de sus fuerzas. Si Hitler hubiera ordenado inmediatamente una fuerza de socorro antes de que los soviéticos pudieran cavar en sus nuevas líneas, Paulus podría haber tenido una oportunidad. La Operación Tormenta de Invierno (*Unternehmen Wintergewitter*), el contraataque alemán, que incluía 13 divisiones (que en su mayoría tenían poca fuerza), unos 50.000 hombres y 250 tanques (incluyendo el nuevo "Tigre"), estaba más o menos condenada desde el principio. Sin embargo, la naturaleza concentrada de la operación y la experiencia de las tropas y comandantes alemanes les permitió penetrar unos cincuenta o sesenta kilómetros. Pero eso era lo más lejos que pudieron llegar. Después de ser sorprendidos por el esfuerzo alemán, los soviéticos reaccionaron con fuerza, y detuvieron el esfuerzo de ayuda alemán en seco el 13 de diciembre. La ofensiva solo había comenzado el 11.

Los casi 250.000 hombres alemanes que estaban dentro del cada vez más pequeño bolsillo de Stalingrado luchaban por sus vidas. Casi todos los días, la bolsa se hacía más pequeña. Los hombres comían ratas y lentamente morían de hambre y congelados. Después de que estaba claro que el esfuerzo de ayuda fallaría, Paulus pidió repetidamente a Hitler permiso para rendirse. Hitler se negó cada vez. Finalmente, cansado de las súplicas de Paulus, Hitler lo ascendió al rango de mariscal de campo, el rango más alto del ejército alemán. El Führer sabía que ningún mariscal de campo alemán se había rendido nunca. En su lugar, se quitarían la vida. Ese mensaje no se perdió en Paulus.

El jefe de la fuerza aérea de Hitler, Hermann Göring, prometió al Führer que entregaría las 300 toneladas de suministros necesarios para los hombres de Stalingrado diariamente. Nunca entregó más de 150 toneladas en un día. La mayoría de las veces, era mucho menos. El tiempo, los aviones soviéticos y los cañones antiaéreos destruyeron el resto.

Una vez que los aviones alemanes aterrizaban, evacuaban a los heridos o a los que "tiraban" del Partido Nazi. Las escenas en el último aeródromo controlado por los alemanes cuando los últimos aviones salían no podían ser más lamentables. Los guardias en las puertas disparaban a multitudes de hombres mientras intentaban entrar en los aviones. Algunos de los guardias fueron sacados de los aviones y asesinados. Los aviones estaban sobrecargados y a veces se estrellaban. Otros tenían hombres colgando de las alas, que luego caían a la muerte mientras sus camaradas los observaban. Todos en Stalingrado sabían que ser un prisionero soviético era prácticamente una sentencia de muerte.

El 22 de enero de 1943, Paulus dio la orden de que sus hombres se rindieran. Un grupo de "duros de matar" en la parte norte de la ciudad aguantó hasta el 3 de febrero. Incluso después de la rendición, las transmisiones alemanas en casa mostraron entrevistas con hombres "en el frente del Volga", pero estas fueron grabadas en Alemania con sonidos de combate editados en ellas. Para cuando la mayoría de los alemanes los escucharon, Stalingrado ya se había rendido.

Noventa y un mil alemanes fueron al cautiverio soviético. Diez años después de que la guerra terminara en 1945, los últimos alemanes en la URSS, alrededor de 5.000, fueron enviados a casa.

Ilustración 17: Arriba: Paulus, a la izquierda, y su equipo al rendirse. Se puede ver el edificio de su cuartel general al fondo. Abajo: Foto del edificio del Cuartel General hoy

Ilustración 18: Alemanes rindiéndose en Stalingrado

Ilustración 19: "¡La Madre Patria Llama!" en Mamáyev Kurgán. Esta es una de las estatuas independientes más altas del mundo, con 279 pies

Vea más libros escritos por Captivating History

Conclusión

Stalingrado era la "máxima marca de agua" del ejército alemán en la URSS. Después de Stalingrado, la guerra, no solo en Rusia sino en todas partes, fue decididamente contra Hitler. Solo hubo una vez después de la batalla que los alemanes pudieron lanzar una gran ofensiva en el Este. Esto fue en Kursk en julio de 1943. Sin embargo, esto también fue una derrota colosal.

Stalingrado cambió todo. La moral soviética se disparó, y la fuerza soviética aumentó, aunque habían sufrido bajas irreales. Los soviéticos también comenzaron a dominar las "nuevas" tácticas de la guerra móvil moderna que habían sido introducidas por los alemanes en 1939. En realidad, si bien los soviéticos se convirtieron en maestros de la guerra móvil y la sorpresa, los alemanes, guiados por la obstinada negativa de Hitler a ceder un centímetro de terreno, optaron por cavar. Esto dio lugar a que los alemanes fueran aislados y cortados una y otra vez, al igual que los soviéticos lo habían sido en las primeras etapas de la guerra.

Aunque muchos en Alemania necesitaban creer que la guerra aún podía ser ganada, la mayoría sabía que algo terrible había sucedido en el Volga. Esto se reforzó cuando los sobrevivientes de la batalla fueron evacuados antes del final de la Operación Urano y los últimos puentes aéreos. Ya convertido en un recluso, Hitler se retiró cada vez más lejos en su tierra de fantasía, dejando gran parte del esfuerzo bélico a su jefe de propaganda, Joseph Goebbels. Goebbels comenzó a dar discursos por todo el país, instando a un mayor esfuerzo del pueblo alemán. El eslogan que proclamó fue "¡Guerra total, guerra más corta!". En este punto, incluso los nazis sabían que los alemanes se estaban cansando del esfuerzo de guerra y de los millones de bajas. Y todo comenzó en Stalingrado.

www.ingramcontent.com/pod-product-compliance
Lightning Source LLC
LaVergne TN
LVHW041650060526
838200LV00040B/1792